圖解魔導書

Grimoire

奇幻基地

　　只要是對魔法或魔術有興趣的人，想必都曾多次聽過「魔導書」或「Grimoire」這些用語吧！聽過《所羅門王之鑰》或《雷蒙蓋頓》等魔導書的人應該也不在少數才是。不過，這魔導書究竟是個什麼樣的東西，裡面又寫著什麼樣的內容呢？相信絕大多數人都無法具體回答這個問題吧！

　　為什麼呢？理由很簡單，因為艱澀難懂向來是魔導書的固有特徵。

　　魔導書無疑是魔法書的其中一種，可是涵意卻不純然等同於魔法書。魔法書是指所有內容涉及魔法的書籍，魔導書卻並非如此。魔導書乃特指魔法書當中詳細記載如何召喚天使或惡魔等神靈藉以實現自我願望方法的書籍。

　　是以，魔導書給人的感覺要比尋常魔法書更加可怕、更加地神祕，甚至可以說只消提及魔導書或Grimoire這些詞便足以引起不可名狀的恐怖感覺。看看20世紀小說家霍華·菲力普·洛夫克萊夫特創造的「克蘇魯神話」裡那部恐怖的魔導書《死靈之書》，相信便不難理解。就某個層面來說，魔導書在所有提及魔法師的故事裡面均可謂個不可或缺的要角。

　　此外，魔導書絕非僅僅存在於虛構世界之物。尤其歐洲更是早在非常古老的時代便已經有許多形形色色的魔導書存在，受到眾人的閱讀、利用，同時深受眾人畏懼。魔導書的傳統便是如此承襲流傳一直到了現代。

　　魔導書究竟是種什麼樣的書？相信讀過這本書以後，屆時讀者諸君都能有各自的見解與詮釋才是。

草野　巧

目 次

第 1 章
魔導書入門

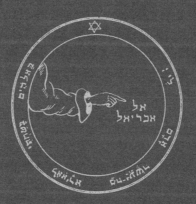

何謂魔導書？

Grimoire-definition and meaning

所謂魔導書，便是助人透過祈禱、對話或恐嚇等方法操縱惡魔天使諸神靈，藉以逐行自身慾望的書。

●驅使惡魔或天使以實現願望之書

何謂魔導書？要爲此語下個正確的定義是件非常困難的事情。魔導書英語寫作Grimoire，這個字據說是源自於法語的「grammaire」，意爲「用拉丁語寫的文件」。這個字打從18世紀便已經變成指稱魔法書籍的用語，當時在描述困難而無法理解之事時甚至還有個「就像Grimoire般」的說法，由此可見魔導書到底有多麼難懂。

不過，一般所謂的魔導書都有個共通的特徵，那就是魔導書裡面記載了如何透過祈禱、對話或恐嚇等手段來任意操縱惡魔或天使等諸神靈，藉以逐行自身慾望的方法。魔導書是供人操控神靈時作爲參考、非常具體的指示說明書，內中記載有操控神靈所須之魔法圓、印章、護符、印記、魔法杖等道具的製作方法，以及大量的咒文。

換言之，所謂魔導書並非僅僅記載魔法相關諸事的作品，而是記載了極具體程序、供人操縱天使或惡魔以實現自身願望的書物。

此類作品在奇幻小說或電影等領域可謂是相當常見。在奇幻創作的世界裡，也經常可以看見穿著長外套、陰陽怪氣的魔法師站在魔法圓中揮舞魔法杖召喚天使或惡魔的場面。魔導書正可謂是這些魔法師的參考書。

然而魔導書卻也並不只是存在於虛構的創作世界中。歐洲從很早以前便已經有許多部魔導書存在，譬如《所羅門王之鑰》、《所羅門王的小鑰匙（雷蒙蓋頓）》、《大奧義書》、《教皇洪諾留的魔導書》等，眞要算起來的話還數不完呢。

魔導書的定義

何謂魔導書？

並不只是單純的魔法書籍。

操縱天使或惡魔以實現願望的具體指示說明書。

 魔導書的特徵 ➡ 記載有魔法圓、印章、護符、印記、魔法杖等魔法道具製作方法，以及大量咒文等內容。

 魔導書記載有下列各種魔法道具：

魔導書記載之魔法道具例

魔法圓　印章　魔法杖　星陣圖　五芒星　印記

經常出現在奇幻小說和電影裡……

其實歐洲早有無數魔導書存在。
《所羅門王之鑰》、《所羅門王的小鑰匙（雷蒙蓋頓）》、《大奧義書》、《教皇洪諾留的魔導書》等。

用語解說

●印記→即指西洋魔法使用的記號或圖形。通常「印章」是泛指繪有特定圖形的徽章或戒指等物品，而「印記」則是專指其中描繪的圖形或記號而已。

古代就有魔導書了嗎？

Were there Grimoires in ancient times?

魔導書在希臘化時代的埃及蓬勃發展，至西元1世紀時地中海周邊地區就已經有無數以紙莎草紙寫成的魔導書散播流傳。

●希臘化時代曾有無數的魔導書存在

現在我們還能讀得到的魔導書如《所羅門王之鑰》或《雷蒙蓋頓》等其實並沒有那麼古老，頂多只能追溯到中世末期而已，大多數魔導書其實都是近代初期所作。

然則魔導書確實是早在古代便已經存在。如果說魔導書是魔法知識的文字化，那麼西元前2000年代古巴比倫文明的粘土板便堪稱為魔導書之起源。當然了，寫在粘土板上笨重且不易搬運，並不符合普遍對書的概念。若是從這點著眼，那麼最早可以稱得上是方便魔導書的魔導書，則首見於西元前4世紀至西元前1世紀希臘化時代[*1]的埃及。

當時的魔導書是使用紙莎草紙[*2]製作，同時其中記載的魔法在內容方面也與從來的魔法有所不同。古埃及自古就會使用象形文字將魔法刻在皇室陵墓的牆壁等處，目的在於祈求健康以及守護；相對地，紙莎草紙的魔法則幾乎都是以遂行魔法師個人願望為目的，換句話說也就是獲得財富、獲得社會地位以及得到異性傾慕之類的。直到更晚的時代，祈使神明授予智慧或預言才終於也成為了施行魔法之目的。

於是魔導書便在希臘化時代獲得極大的發展，以至西元1世紀時已經有無數的魔導書在地中海周邊地區流通。

可是該時代的紙莎草紙魔導書如今卻已幾近全數散佚，這些魔導書在古代末期曾經數度遭到羅馬帝國與基督教會聯手取締並且焚燬；由於以這種方式遭到處分的魔導書數量實在太驚人了，因此一般認為當時不僅僅是魔法專家，而是連一般人都有在閱讀魔導書。

古代魔導書的發展

| 魔導書 | ➡ | 古代便已經存在。 |

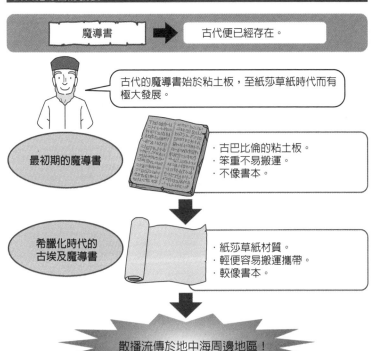

古代的魔導書始於粘土板，至紙莎草紙時代而有極大發展。

最初期的魔導書

・古巴比倫的粘土板。
・笨重不易搬運。
・不像書本。

希臘化時代的古埃及魔導書

・紙莎草紙材質。
・輕便容易搬運攜帶。
・較像書本。

散播流傳於地中海周邊地區！

希臘化時代魔導書的內容

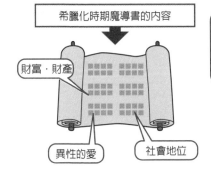

希臘化時期魔導書的內容

財富・財產

異性的愛

社會地位

古埃及自古就會使用祈求國王健康或祈求守護的魔法，希臘化時期的魔導書則是以實現魔法師個人願望的魔法為中心。

以所羅門王為名的古代魔導書

Ancient Grimoire of Solomon the king

早在西元5世紀便已經有冠名所羅門王的魔導書存在，內容記載封印別西卜、阿斯摩丟斯、利維坦等惡魔的方法。

●記載超過36名惡魔咒文的魔導書

以希臘語寫作的第一部所羅門王（請參照P.040）魔導書《所羅門王的遺言》乃是成書於西元1～5世紀間的古代魔導書。

這部魔導書裡面記載到西元前10世紀的以色列國王所羅門獲上帝賜予魔法戒指，並且藉著戒指號令諸多惡魔、最終完成雄偉神殿的故事。故事中提到的惡魔除較有名的別西卜[*1]、阿斯摩丟斯[*2]和利維坦[*3]以外，還有分屬36區的36惡魔；這些惡魔全部都要受到魔法戒指的魔力強制召喚，並且如實供出自己的名字、能力、號令所須咒文等。

舉例來說，第11區的惡魔是這樣說的——

「我叫做Katanikotaêl。我的工作是為家家戶戶帶來爭執與過失、激人發怒。如果想在家裡好好地放鬆，那就應該這樣做：取七張月桂樹葉寫上我討厭的天使名字，接著再寫『Iae, Ieô。以偉大上帝之名，令Katanikotaêl沉默吧』。然後再用月桂樹葉沾水揮灑，淨化屋裡屋外。如此就能將我封鎖了」

另外第33區的惡魔則是這麼說——

「我叫做Agchoniôn。我的工作就是躲在嬰兒的產褥裡惡作劇。想要封住我就要這麼做：在無花果的葉子寫上『Lycurgos』，然後在下面依序減去一個字母寫出『ycurgos, curgos, urgos, rgos, gos, os, s』，這樣我就會逃跑了」

《所羅門王的遺言》裡便是如此一個接著一個地說明封印眾惡魔的方法。

《所羅門王的遺言》

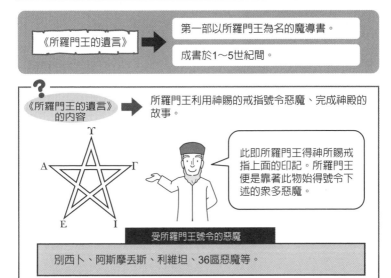

| 《所羅門王的遺言》 → | 第一部以所羅門王為名的魔導書。 |
| | 成書於1～5世紀間。 |

？ 《所羅門王的遺言》的內容 → 所羅門王利用神賜的戒指號令惡魔、完成神殿的故事。

此即所羅門王得神所賜戒指上面的印記。所羅門王便是靠著此物始得號令下述的眾多惡魔。

受所羅門王號令的惡魔

別西卜、阿斯摩丟斯、利維坦、36區惡魔等。

惡魔Agchoniôn的職掌與弱點

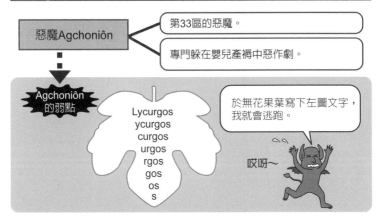

| 惡魔Agchoniôn | 第33區的惡魔。 |
| | 專門躲在嬰兒產褥中惡作劇。 |

Agchoniôn 的弱點

Lycurgos
ycurgos
curgos
urgos
rgos
gos
os
s

於無花果葉寫下左圖文字，我就會逃跑。

哎呀～

用語解說

●區→占星術將天球上的黃道的每30度分成12個等分稱為宮，每10度分成36等分便稱為區。

中世歐洲的魔導書

European griomoires in the middle ages

由古代世界傳承至中世歐洲的魔導書受到阿拉伯、猶太以及北歐魔法的影響，至12世紀又有了新的發展。

●受外國文化影響而風貌一新的魔導書

魔導書在希臘化時代的埃及得到首次發展，來到受基督教會支配統治的歐洲中世時代以後又再度有了新的發展。

歐洲的魔導書是從12世紀前後開始產生明顯的變化。十字軍運動對這個現象亦有影響；始於11世紀末的十字軍為奪回聖地曾經數度遠征中近東地區，使得歐洲人發現了阿拉伯世界豐富的文化。再者，11世紀以前非洲北部的伊斯蘭勢力強盛，統治範圍甚至遠達伊比利半島[*1]。進入12世紀後，該勢力的統治力量逐漸疲弱，歐洲與阿拉伯文化圈遂以西班牙為中心展開頻繁接觸，而有大量翻譯成拉丁文的阿拉伯文獻流入歐洲。

如此的文化交流活動，使得歐洲的魔導書亦獲得了新的思想活水注入。其中影響最大的當屬操縱天界神靈之力的天界魔法（Astral Magic），《所羅門王之鑰》等眾多魔導書便是以此思想作為前提。天界魔法同樣也影響到居住在西班牙的猶太人，從而催生出喀巴拉思想，而這喀巴拉思想後來又再度傳回歐洲、進入了魔導書之中。

另外還有斯堪的那維亞文化的影響。基督教於11世紀前後傳播滲透斯堪的那維亞半島[*2]，結果使得該地居民開始使用拉丁語、而不用自古流傳下來的魯納文字，如此卻才使得魯納文字變成了魔法的文字，開始被使用在魔導書裡面。

歐洲的魔導書便是如此受到形形色色各種文化影響，而漸漸演變成今日這般模樣形態。

魔導書的新發展

| 中世歐洲的魔導書 | ➡ | 於12世紀產生極大變化。 |

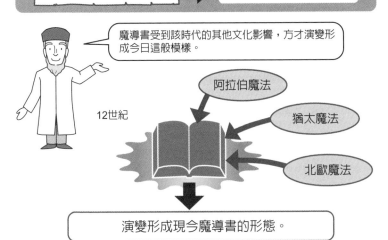

魔導書受到該時代的其他文化影響，方才演變形成今日這般模樣。

12世紀

阿拉伯魔法

猶太魔法

北歐魔法

演變形成現今魔導書的形態。

對魔導書造成影響之諸因素

茲將歐洲中世魔導書於12世紀受到外來文化影響內容整理如下：

新元素	內容
阿拉伯魔法	意欲操縱天界神靈之力的天界魔法（Astral Magic）。
猶太魔法	西班牙的猶太人受阿拉伯天界魔法影響而創造的喀巴拉魔法。
北歐魔法	受基督教教化洗禮而退出日常生活、轉而變成魔法文字的魯納文字。

阿拉伯魔法的影響

Influence of Arabic magic

運用恆星與行星其中所蘊靈力施行法術的天界魔法（Astral Magic）傳入歐洲以後，對歐洲的魔法造成了莫大的影響。

●來自阿拉伯的天界魔法

12世紀以後由於十字軍等諸多因素使阿拉伯的學術大量流入歐洲，歐洲文化因此受到極大影響，而魔導書也不例外。

在魔導書的領域裡，尤以來自阿拉伯的天界魔法（Astral Magic）影響最鉅。天界魔法是以恆星與行星有神靈宿於其中為前提，根據占星術選定合適日時、執行合適儀式，藉此將天界神靈的力量做魔法方面的運用。換句話說，天界魔法就像是魔法與占星術的綜合體。

這些天界魔法有許多原文為阿拉伯語的相關書籍經過翻譯以後散播至歐洲，其中最著名就屬《皮卡特里斯》（原題名 Ghâyat al-Hakîm=賢者的目的）。

《皮卡特里斯》相傳是某位住在西班牙的阿拉伯學者於12世紀所著。根據其中記述，該書乃是綜合匯集224本書內容而成；也正因為如此，這本書稱不上是部有系統的作品，其主要題目是在講述如何將恆星或行星的靈力注入護符等物事的方法。

舉例來說，若欲有效地使用某行星力量的時候，首先第一件事情就是要澄清自身的信仰心，崇拜偶像之類的行徑更是根本提也甭提。接下來則是要潔淨自身和衣服，實際進行儀式時還要穿著與該行星顏色相配的衣服，因為如此方能適當地進行煙薰，祈禱也才會更有效果。待這些全部準備停當、行星運行到適當位置以後再執行儀式，就能達成目的。

天界魔法（Astral Magic）

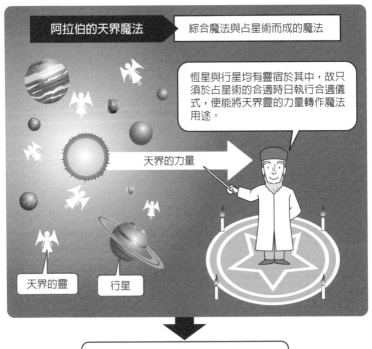

阿拉伯的天界魔法 ➡ 綜合魔法與占星術而成的魔法

恆星與行星均有靈宿於其中，故只須於占星術的合適時日執行合適儀式，便能將天界靈的力量轉作魔法用途。

天界的力量

天界的靈　　行星

⬇

對歐洲的魔導書造成影響

《皮卡特里斯》的魔法

《皮卡特里斯》 ➡ 最有名的天界魔法書籍

原題名Ghâyat al-Haīkîm

‖

賢者的目的

《皮卡特里斯》的內容 ➡ 主要講述如何將恆星行星所宿靈力灌注進入護符等物之中的方法。

喀巴拉的影響

Influence of Kabbalah

喀巴拉魔法思想認為希伯來語的文字和神的祕密名字擁有特殊力量，運用此力量便能與天使交信連絡。

●蘊有特殊魔力的聖四文字

猶太神祕主義思想喀巴拉自古向來都是在暗中祕密傳承，直到13世紀以後才透過西班牙的猶太裔學者著作而始得為歐洲人所知，結果使得歐洲魔導書亦因此受到喀巴拉影響。

喀巴拉認為猶太人的語言希伯來語就是神的語言，它的每一個文字都可以透過特別的力量與神連結。這個思想很受歐洲的魔法師喜愛。換句話說，因為希伯來語的文字和神的祕密名字擁有特殊的力量，所以只要使用該種文字或者神的名字便能提高護符的力量，甚至與天使界連結。

於是乎，從此歐洲的魔導書開始有了許多希伯來文字出現。但由於並非所有魔法師都讀得懂、會寫希伯來文，因此有些魔法師寫的希伯來文甚至只是毫無意義、亂七八糟的文字列。

其中使用頻率最高的當屬神聖的神名。猶太教有好幾個指稱上帝的神聖稱呼，諸如：阿多奈（Adonai）、埃爾（El）、耶洛亞（Eloa）、耶洛姆（Eloim）、耶和華（Jehovah）、撒巴夫（Sabaoth）、沙代（Shaddai）等名字都是。

諸多神名當中有個名字特別蘊含有特殊魔力，須得秉持敬畏之心鄭重對待之，那便是聖四文字（泰特拉格拉瑪頓／Tetragrammaton）。此語在希臘語裡面是「四個文字」之意，指的是《舊約聖經》所謂神的真名——希伯來語的「YHWH」（耶和華）。由於猶太教禁止直接說出這個名字，後來才會有對神的各種稱呼出現。

喀巴拉魔法

 喀巴拉 ▶ 興起於12世紀前後的猶太神祕主義。

 喀巴拉的特徵

| 希伯來文字 |
| 神的祕密名字 |

▼

擁有特殊的力量

能提高護符的力量

喀巴拉認為猶太人用的語言——希伯來語文字和神的祕密名字均蘊藏有特殊的力量。

希伯來文字與聖四文字

文字	對應字母	名稱	文字	對應字母	名稱
א	a/e	Aleph	ל	l	Lamed
ב	b/v	Beth	מ (ם)	m	Mem
ג	g	Gimel	נ (ן)	n	Nun
ד	d	Daleth	ס	s	Samekh
ה	h	Heh	ע	a	Ayin
ו	v	Vav	פ (ף)	p/f	Peh
ז	z	Zain	צ (ץ)	ts	Tzaddi
ח	H	Cheth	ק	q	Qoph
ט	t	Teth	ר	r	Resh
י	y/i/j	Yod	ש	s/sh	Shin
כ (ך)	k	Kaph	ת	t	Tav

上圖為希伯來文的22個字母。右圖則是據說擁有特殊力量、象徵「YHWH」（耶和華）的聖四文字（泰特拉格拉瑪頓）。

魯納魔法的影響

Influence of Runic Magic

斯堪的那維亞地區的魯納文字雖然隨著基督教化而不再受到使用，卻也反而從此被認為是蘊有魔力的魔法文字。

●來自北方蘊有魔力的文字

儘管不如希伯來語普遍，但歐洲的魔導書也經常會用到古代北歐的魯納文字。

魯納文字約莫成立於西元1世紀，是德國北部與斯堪的那維亞半島*作為字母使用的日耳曼民族古文字體系。魯納此語有「神祕」與「祕密儀式」之涵意。

其後魯納文字隨著日耳曼民族的遷徙移動而散播至歐洲各地，可是北歐地區卻在11世紀基督教於斯堪的那維亞半島傳播開來以後漸漸改用拉丁語，而魯納文字就跟希伯來文字同樣，隨著基督教勢力愈漲的同時，轉而被認為是文字中蘊有魔力的魔法文字。14世紀時挪威甚至還曾頒布禁止使用魯納文字與黑魔法的禁令。

於是乎，儘管從此再也無法公開使用魯納文字，相對地魯納文字卻也多出了暗號文字與施行魔法的用途。

將魯納文字作魔法用途運用似乎以冰島最盛，冰島便有許多人是以使用魯納文字施行魔法的罪名被指為女巫、遭處死刑。冰島能夠閱讀書寫文字的人口比較多，對魔導書的需求自然也比較高。

魯納文字必須透過自身親筆書寫方得發揮魔力，是以當時欲施行魔法者應該是參考魔導書並自行書寫魯納文字以製作護符等物。從斯堪的那維亞半島找到的手抄本便記載有魯納文字的魔法陣，而且北歐洲人也經常用魯納文字來書寫精靈的名字；只不過就跟希伯來語同樣，意義不明胡亂使用的情況亦是所在多有。

---

* 斯堪的那維亞半島：請參照P.222注釋附錄No.004＊2。

魯納文字的歷史

魯納文字

約成立於1世紀的日耳曼民族古文字體系。

斯堪的那維亞半島使用的字母。

11世紀以後

此時開始使用拉丁語，魯納文字成為歷史、成為魔法文字。

成為文字本身蘊有魔力的魔法文字！

共通日耳曼魯納文字

f　u　Þ(th)　a　r　k　g　w　h　n　ï,ë　j

e　p　z　s　t　b　e　m　l　ŋ(ng)　ð　o

魯納文字曾經受到廣大地區使用，是以擁有形形色色各種不同類型。上圖是最一般的類型，名為共通日耳曼魯納文字，經常使用在占卜等用途。

21

魔導書的物理材質

Physical materials of grimoires

魔導書在古埃及是以紙莎草紙製成，中世歐洲使用的則是廉價又能裝訂成冊的羊皮紙。

●歐洲的魔導書乃以羊皮紙材質製作

如果我們說魔導書純粹只是種將魔法知識以文字形式記載下來所形成的產物，那麼歐洲魔導書的起源便可追溯直至西元前2000年代的巴比倫。這個時代是以蘆葦等物做筆，在粘土板上書寫楔形文字，是故此類魔導書的物理材質自然就是粘土板。可是粘土板不便搬運攜帶，與我等一般對書的概念相去甚遠。

直到開始使用紙莎草紙*以後，魔導書才變得比較貼近書的形態。紙莎草紙是古埃及相當發達的筆記用材料，其歷史非常悠久，甚至可以追溯到西元前10世紀以前。至於記載魔法相關內容的紙莎草紙書最晚在西元前4世紀便已經出現了。只不過，所謂紙莎草紙是將紙莎草這種植物的莖剝成薄片縱橫排列壓縮而成，所以嚴格來說並不算是紙，而且也無法折疊。如果文章內容較長的話，就必須用漿糊把紙莎草紙片連接起來，捲在棒子上製成書卷。文字則是以墨水書寫，後來在書寫魔導書的時候還必須特別注意選用製作墨水的材料。

相對地，中世歐洲則是以羊皮紙魔導書最為一般。相傳羊皮紙是西元2世紀土耳其的發明，它比紙莎草紙更便宜、更柔軟，還能堆疊裝訂成冊。基督教有別於其他宗教，對製作羊皮紙的動物種類並無限制，於是羊皮紙書方才變成歐洲最普遍的書本材質，包括聖經也是以羊皮紙製成。

歐洲從15世紀開始製紙，並從此取代羊皮紙，不過魔法領域仍然相當看重羊皮紙。當時認為與其使用機械印刷的紙質魔導書，還是用手抄寫在羊皮紙上的魔導書比較具有魔力，是以魔導書也經常會指示施術者使用羊皮紙來製作護符或魔法圓等道具。

---

* 紙莎草紙：請參照P.222注釋附錄No.002＊2。

No.008 第1章 ◆ 魔導書入門

魔導書材料的變遷

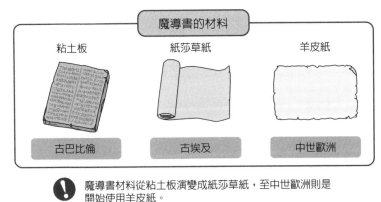

魔導書的材料

粘土板	紙莎草紙	羊皮紙
古巴比倫	古埃及	中世歐洲

❗ 魔導書材料從粘土板演變成紙莎草紙，至中世歐洲則是開始使用羊皮紙。

紙莎草紙與羊皮紙的比較

紙莎草紙與羊皮紙分別有下列特徵，結果歐洲選擇羊皮紙作為製作魔導書的材料。

紙莎草紙

· 將植物的莖剝成薄片縱橫排列壓縮而成，並不算是紙張。

· 無法折疊。

· 文章內容較長則就必須用漿糊粘接紙片，捲在棒子上製成書卷。

羊皮紙

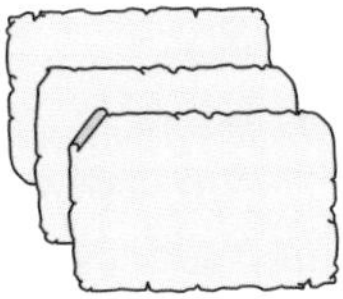

· 比紙莎草紙便宜、柔軟。

· 可堆疊裝訂成冊。

· 基督教對用來製作羊皮紙的動物種類並無限制。

23

魔導書的使用者

Users of grimoires

魔導書在歐洲的使用肇始於聖職者，後來才逐漸散播至教師、醫師、法律家、軍人等接受過高等教育者之間。

●起初魔導書的最大使用者原是聖職者

魔導書畢竟是書，其使用者乃以擁有讀寫文字能力者爲中心，所以歐洲很少有女性使用魔導書，因爲20世紀以前歐洲女性的識字率一直都比男性低。

在魔導書興起並首度獲得發展的希臘化時代[*1]，亞歷山卓[*2]的學術研究所和圖書館同樣也相當發達，是以魔導書亦滲透進入了一般民眾之間。可是來到基督教佔得上風的3世紀以後，中世歐洲的學術幾乎全數遭到聖職者獨占，魔導書亦有染上基督教色彩的傾向。能夠讀得懂文字的頂多也就是聖職者而已，是故當時會閱讀、使用、抄寫、製作魔導書自然也就是修道士等聖職者了。就說收藏魔導書的圖書館好了，中世歐洲大概也只有修道院才有這樣的設施。這麼一來，最熱衷於尋寶的人竟然是修道士，想來也是理所當然的結果。

12世紀起紛紛有多所大學創立，擁有讀寫能力的人口增加，使得教師和學生等人也加入了修道士的行列，其中甚至不乏有人會製作魔導書。其後擁有大學畢業等級學識者仍不斷增加，直到16世紀才又接著發展出受過高度教育的教師、醫師、法律家、軍人等形形色色的專業人士，而這些人當中的魔導書使用者也是愈來愈多。此外，魔導書在近代透過印刷而致大眾化，從而也傳入了擁有讀寫能力的工匠、商人等一般民眾之間。

不過如果說那些不具讀寫能力者跟魔導書毫無關聯，那倒也未必。從前就經常有文盲的鄉下魔法師拿著本魔導書當作小道具爲自己增添神祕氣氛。又，儘管從前的女性不懂魔導書所寫古代文字符號是何意義，卻也往往可以看到她們有將其內容抄寫下來當作護符使用的習慣。

魔導書使用者的傳播擴散

魔導書的使用者 ＝ 擁有讀寫能力者

中世初期

修道士等聖職者

12世紀前後

教師、大學生等

16世紀前後

受過高度教育的教師、醫師、法律家、軍人等

近代

工匠、商人等一般人

魔導書的使用者隨著時代進步、教育愈發普及而持續增加，但是不具備讀寫能力者也經常會使用魔導書。

不具備讀寫能力者

鄉下魔法師

當作營造神祕氣氛的小道具擺在房間作裝飾。

不識字的女性

抄寫魔導書的古代文字或符號當成護符使用。

即便不識字也能像這樣使用魔導書。

是不是所有的魔法師都使用過魔導書？

Did all magicians use grimoires?

無數的魔法師當中，尤以召喚惡魔或神靈的召喚魔法師為魔導書使用者的最大宗。

●施行召喚魔法不可或缺的魔導書

魔導書記載了施行魔法的方法，可並非所有魔法師都非得使用魔導書不可。

舉例來說，中世的歐洲村莊裡就有種主要負責治療疾病的民間魔法師，他們所使用的乃是自古透過口耳相傳流傳下來的傳統魔法，根本就不須要寫成文字的書，而且不識字的魔法師也相當多。文藝復興時代，古代的魔法思想受到矚目，使得對魔法的知識探討頗為盛行，而有菲奇諾[*1]、阿古利巴[*2]、皮科·德拉·米蘭多拉[*3]等人物大放光彩。然而，他們的魔法是自然魔法和純粹的天體魔法，探究的是蘊藏於自然界的魔力以及星體所造成的影響，並非非得魔導書不可的魔法。

那究竟是哪種魔法須要使用魔導書呢？那就是施行召喚魔法的使用者。這是種召喚早從古希臘羅馬時代便受人們信仰的眾精靈的魔法，是透過召喚超自然精靈、利用其力量實現自身慾望。由於使用這種魔法必須執行適當的儀式，故亦名「儀式魔法」。所謂適當的儀式恰恰就是魔導書的主題，內容包括禁食與祈禱儀式、在地面繪製魔法圓，以及如何正確使用咒文、聖水、蠟燭、劍、魔法杖、徽章等道具。

這種魔法雖然自古便已經存在，卻是在受到文藝復興時期風行的魔法思想影響以後始得在轉眼間盛行，而有《所羅門王之鑰》、《教皇洪諾留的魔導書》、《細說神祕哲學 第四書》等眾多魔導書問世。這些魔法儀式傳入了接受過教育的知識份子之間，卻也傳入了從未受過教育的民眾之間，從而催生出許多以魔法師自任者。

使用魔導書的魔法師

必須使用魔導書的魔 ➡ 召喚神靈的召喚魔法。

 我不須使用魔導書。

魔導書

 我須要魔導書！

文藝復興魔法的
魔法師

治療疾病的民間
魔法師

召喚魔法的魔法師

 各種魔法當中，施行召喚魔法的魔法師最須要使用魔導書。

何謂召喚魔法？

何謂召喚魔法？

自從古希臘羅馬時代便受到信仰的魔法。

利用適當儀式召喚超自然精靈、藉其力量以逐行凡俗目的之魔法。

適當的儀式包括魔法圓、魔法杖、聖水、咒文、禁食等諸多程序，因此勢必要用到魔導書。

印刷本與手抄本

Printed or hand-written copy

即便印刷的魔導書開始大量出現以後，眾人仍舊相信印刷本並不具備手抄本的魔力。

●手抄本比印刷本更具魔力

歐洲於15世紀有印刷技術誕生，16世紀起便已經有印刷的魔導書陸續流通。

可是在近代初期，非但自古流傳下來的抄本仍遠多過於印刷本，甚至還不斷有新的手抄本陸續問世，甚至根據印刷版魔導書另行製作抄本的情況也相當多。

如此現象的其中一個原因，那就是許多人都偏好閱讀抄本勝過印刷版魔導書，除非有大量的抄本否則根本無法滿足此需求，但理由其實不僅止於此。原來當時相信印刷出來的書並無魔導書原有的魔力；印刷出來的魔導書本身並無魔力，只不過是將魔法記錄下來而已。

自古以來，人類就相信文字本身擁有某種魔力。對不具讀寫能力的人們來說，光是能夠在不同的個人間傳遞信息與意義本身已經是件很神奇的事情了，所以閱讀和書寫的行為自然也屬於魔法的範疇。是以魔導書亦復如此，一般都相信自己親筆寫下的文字魔力遠勝於印刷出來的字體。

從中於是衍生出一種思想，那就是施行魔法儀式必須使用自筆抄寫的抄本，而且還必須為每一本魔導書施行被祓除穢*。正因為如此，直到後來印刷書的時代也仍然有大量的手抄本製作問世。《所羅門王之鑰》等著名魔導書之所以要從羊皮紙的處理方法開始從頭詳細記載到魔導書的製造方法、被祓除穢方法，又應該使用什麼樣的墨水什麼樣的筆等細節，便是因為這個緣故；其實魔導書其中文字蘊藏的魔力並不會因為被印刷成冊而遜色，只要按照上述方法步驟製作手抄本便能發揮充份的力量。

印刷本與手抄本的差異

印刷製成的魔導書 ➡ 不具手抄本的魔力。

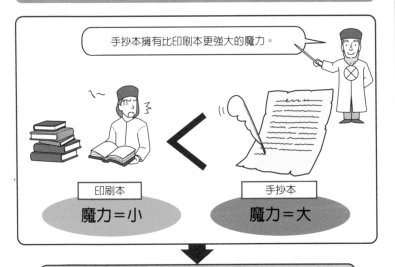

手抄本擁有比印刷本更強大的魔力。

印刷本　魔力＝小

手抄本　魔力＝大

⬇

因此，即便進入印刷書時代以後仍有大量手抄本製作問世。

施行魔法必須使用手抄本，即便已經擁有印刷版也要親筆重新謄寫一遍。

手抄本 ⬅ 印刷本

魔導書的目的

Purposes of grimoire

人們使用魔導書大多都是為達成世俗性目的，其中最受歡迎的便屬尋寶和尋求異性青睞的魔法。

●用來尋寶和獲得愛情的魔導書

　　魔導書究竟是以何種目的受人使用的呢？利用魔導書藉以學習自然界奧祕者固然存在，不過絕大部分使用魔導書之目的其實要更貼近於世俗的慾望。

　　魔導書的各種主題當中，尤以尋寶和獲得愛情的魔法最受歡迎。也許現代人會覺得不可思議，不過中世時期甚至近代以後尋寶活動相當盛行，許多**寶藏獵人**都曾經使用過魔導書。再者，那個時代的戀愛並不如今日來得自由，而且也不能自由地擁有性關係，得到異性的愛自然就成為每個人都關心的大事情。擺明就是想遂行猥褻目的、並非為愛尋求魔導書者亦是所在多有；譬如某些魔導書就有說明如何讓女性光著身體跳舞的方法，或是讓自己變成透明人的方法等，這些很明顯地就要歸類於為猥褻目的服務的魔法。

　　對貴族來說，政治也是很重要的大事，所以獲得高位者青睞愛護和揭穿敵人陰謀等方法自然也成了魔導書的主題之一。

　　尋找盜賊也是使用魔導書一個很大的目的，因為從前不比現代，除魔法以外恐怕再無尋回失物的方法了。據說這個魔法會因為受害者公開宣布委託魔法師搜尋犯人而發揮更大的效果，因為犯人得知此事後可能會覺得害怕，從而出來自首或者偷偷將所盜物品送還。

　　除前述諸多主題以外，魔導書還經常會記載搜索失蹤者、預防意外事故發生、如何使長途旅行不致疲累、如何賭博取勝、如何成功詐騙他人等諸事。換句話說，身為一個凡人的所有願望，都可以在魔導書裡面找得到。

魔導書是用來做什麼的？

魔導書之使用目的 ➡ 被運用在極為世俗的目的。

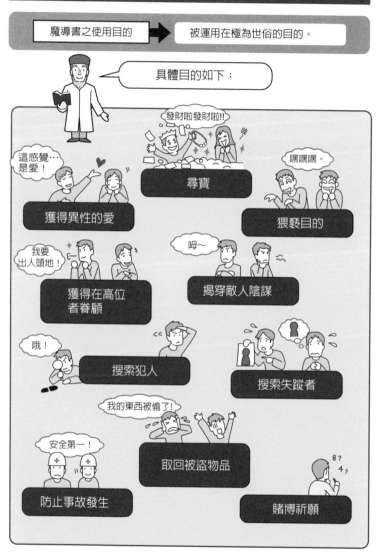

具體目的如下：

發財啦發財啦!!

這感覺…是愛！

嘿嘿嘿。

尋寶

獲得異性的愛

猥褻目的

我要出人頭地！

呣～

獲得在高位者眷顧

揭穿敵人陰謀

哦！

搜索犯人

搜索失蹤者

我的東西被偷了!

安全第一！

取回被盜物品

8？4？

防止事故發生

賭博祈願

用語解說

●**寶藏獵人**→為求一獲千金而熱衷於尋寶者。中世至近代初期許多人都相信歐洲埋藏著寶物，也出現過許多真正的寶藏獵人。

寶藏獵人與魔導書

Treasure hunters and Grimoire

中世至近世初期時代的歐洲人相信鄉間有許多寶物埋藏，並且為追求一獲千金的夢想而投身於尋寶活動。

●曾經極為活躍的寶藏獵人尋寶活動

拜15世紀印刷技術的發明所賜，魔導書也開始大量流通，其中尤以能助人尋寶的魔導書最受歡迎。譬如《所羅門王之鑰》、《大奧義書》、《黑母雞》、《教皇洪諾留的魔導書》、《小阿爾伯特》、《聖西普里安之書》、《摩西第六書、第七書》等著名作品都被評為是對尋寶者頗有助益的魔導書。

如此現象是有理由的，原來中世與近代初期的歐洲民眾相信鄉間埋有大量寶物，而重要的是，這些幻想並非全屬捏造虛構。在從前沒有存款制度的時代，資產家將貴重物品裝箱埋藏地底是很普通的事情，而這些財物因為陰錯陽差被別人發現的情形也並不罕見。當時普遍認為寶物大多是藏在已成廢墟的修道院、城堡、小山丘、古塚等地；這些在今天這個時空很可能會熱衷於進出投資股市的人們，他們為追求一獲千金有時甚至還會組成隊伍，出發前去尋寶。

然而，尋寶並非只須找到寶物即可如此單純。人們自古便相信寶物時時受到靈或惡魔把守；欲取得這些寶物，勢必要能夠操縱靈或惡魔方可。是故，寶藏獵人若非自己使用魔導書，否則便要倚重專業的魔法師。

不過尋寶活動本身固然非屬違法，使用魔導書卻是犯罪；魔導書是惡魔的魔法，受到當時基督教會敵視。因為這個緣故，歐洲各地也經常發生使用魔導書的寶藏獵人遭到逮捕的事件。

魔導書的主題

尋寶 ➡ 魔導書最吸引人的主題。

許多著名魔導書均被指為有尋寶功效,堪為佐證。

《所羅門王之鑰》　　《大奧義書》

《黑母雞》　　《教皇洪諾留的魔導書》

《小阿爾伯特》　　《聖西普里安之書》

《摩西第六書、第七書》　等

每部都被評為具有尋寶之功效。

尋寶為何要用到魔導書?

幽靈

古老信仰

寶物受到靈或惡魔把守

⬇

欲取得寶物必須能夠操縱靈或惡魔

⬇

因此魔導書乃屬必要。

啊呀～　速速退散!

傳說中的魔導書作者

Legendary authors of grimoires

魔導書的真正作者可能出於各種理由而隱匿自身姓名，選擇以舊約聖經裡的聖人英雄、古代的偉大學者、著名聖職者等人之名發表魔導書。

●以聖經裡的聖人、傳說中的魔法師之名發表魔導書

姑且不論希臘化時代[*1]的埃及，即便在中世紀的歐洲，實際著作魔導書的作者仍舊不願公開以自身姓名發表作品；因為如果真這麼做的話，就很有可能會受到當權者迫害，而且名不見經傳無名小卒寫的作品也無法勾起魔導書讀者的興趣。

於是那些著作魔導書的真正作者便選擇在作品題名中使用古代傳奇魔法師或聖人的名字，如此不但能保護自身安全，同時還能提高作品的價值。

以猶太教・基督教世界為例，舊約聖經提到的聖人就經常被拿來當作魔導書的作者使用。譬如聖經中數一數二的聖人也是傳說中書本發明者的以諾、帶領遭奴役猶太人逃出埃及的英雄摩西、建立猶太王國最輝煌盛世的所羅門王，均是如此。

其他像偉大的學者也經常被指為魔導書的作者，例如古希臘哲人亞里斯多德、中世大學者大阿爾伯特[*2]等。

聖職者是中世歐洲魔導書的最主要使用者，是以傳為聖職者著作的魔導書也就變得愈來愈多。時任羅馬教皇的聖利奧三世[*3]（約750～816）與洪諾留三世（1148～1227）堪為此類代表。16世紀以後，新教的宗教改革派為攻擊天主教皇遂大肆渲染教皇使用魔導書的傳聞，也使得愈來愈多的教皇都被指為曾經使用施行過魔法。

除此以外，從事魔法相關研究的學者也經常被指為魔導書作者，阿巴諾的彼得與阿古利巴[*4]堪為代表。

傳說中的魔導書作者

魔導書的作者 ➡ 假借傳奇名人之名號。

這是因為以本名發表魔導書非但可能遭到迫害，
無名小卒寫的作品也無法勾起讀者興趣。

? 常用的名字包括……

以諾

所羅門王

亞里斯多德

大阿爾伯特

摩西

教皇洪諾留

阿古利巴

阿巴諾的彼得

聖經的聖人・英雄・國王
古代哲學家・中世大學者
聖職者・教皇・魔法研究者等

以諾

Enoch

傳說聖經聖人以諾乃是書本的發明者，他甚至還擁有遊歷天界獲得祕密知識的傳說，可謂是位與書籍、魔導書淵源極深的人物。

●發明書本並製作墮落天使名單

中世歐洲人相信書本乃由以諾發明，因此以諾可謂是魔導書歷史中一位不可或缺的人物。

即便在所有的聖經人物當中，以諾仍稱得上是數一數二的聖人。聖經裡寫到「以諾與神同行，神將他取去，他就不在世了」，這裡必須特別注意的是此處乃作「神將他取去」而非「死亡」，後來更從此衍生出蒙受上帝愛顧的以諾其實是活著被帶到天界去了的傳說。舊約聖經僞典《衣索比亞語以諾書》便是根據此類傳說所著，此書主張以諾被帶到天界以後又在天使的帶領下遍遊天國與地獄，天使還向他說明宇宙的構造以及直到世界末日爲止的歷史；這也就是說，以諾得到了任誰也無法知悉參透的祕密知識。其次，《衣索比亞語以諾書》還提到了部分天使如何從天墮落變成墮天使的始末，甚至還舉出帶領墮天使的領頭天使名單。因爲這個緣故，這份後世諸多魔導書都曾述及的墮天使名單這才跟以諾扯上了關係。

另外以諾之孫諾亞、諾亞之子閃與含也都跟魔導書有很深的關係。據傳以藍寶石石板寫成的傳奇作品《天使拉結爾之書》起初是傳授予亞當，後來歷經以諾、諾亞之手，最後傳到了閃的手上。此外，諾亞雖以建造方舟躲過大洪水而聞名，然而亦有傳說指諾亞之子含曾在大洪水來臨前將諸多邪惡魔法刻在金屬板上、埋將起來，等到洪水退去以後再重新將其挖掘起出；據說那就是人類史上的第一本魔導書。崛起自波斯地區的瑣羅亞斯德教*的創始開祖瑣羅亞斯德相傳是人類史上的第一位魔法師，傳說這位瑣羅亞斯德其實就是含。

以諾與魔導書

 以諾

聖經中數一數二的聖人。

傳為書本的發明者。

曾將遍遊天界所得祕密知識以文字記載下來。

衍生出各種傳說

· 以諾之孫含是第一位將魔法記錄下來的人類。
· 含其實就是瑣羅亞斯德。

由於以諾與神祕學有極深淵源，是以一般相信以諾家族全都跟魔導書有關。

❖ 《天使拉結爾之書》

根據喀巴拉傳說記載，大天使拉結爾知悉世間一切祕密，還將他的知識寫成了一本用藍寶石做的書。此書正是《天使拉結爾之書》。拉結爾將此書傳授給被逐出伊甸園的人類始祖亞當時，卻招來眾多天使的嫉妒，因為他們無法忍受拉結爾將連這些天使都不知道的祕密傳授給人類。眾天使逐從亞當手中奪得此書投入海裡，上帝見狀卻又命令海之惡魔喇哈（Rahab）尋回此書還給人類。於是亞當這才得以將《天使拉結爾之書》奉為人類寶物、代代相傳。

於是這本書就由亞當傳給子孫，輾轉經過以諾、諾亞、所羅門等人之手。他們從這本書裡面學到了許多東西，譬如諾亞就在洪水來臨前學到如何建造方舟，而所羅門王之所以能夠使用各種魔法，相傳便也是因為讀過《天使拉結爾之書》方得如此。

摩西

Moses

相傳〈出埃及記〉裡面那位曾經多次引發奇蹟的英雄摩西曾獲上帝授予特別的祕密知識，並將其寫成魔導書流傳後世。

●得上帝授以祕密知識的摩西

摩西是舊約聖經裡記載的古猶太英雄。根據歷史考究，他是存在於西元前13世紀前後的人物。

舊約聖經〈出埃及記〉裡有這麼一則故事。從前，希伯來人在埃及被當作奴隸使役，摩西帶領他們逃離埃及時曾經將河水變成鮮血、令蝗蟲襲擊全埃及、令天降冰雹破壞農作物、令海水一分為二等，創造了許多除魔法以外不作他想的奇蹟。

另外摩西也正是聖經所述於西奈山頂獲得上帝授予著名「十誡」石板與律法之人。因此後世民眾才會相信舊約聖經開頭五書（〈創世記〉、〈出埃及記〉、〈利未記〉、〈民數記〉、〈申命記〉）其實是摩西抄錄上帝所授律法而成，而這五部書也才會有摩西五書之別稱。

後來這些聖經相關記載與傳說再度衍生形成了新的傳說：摩西除抄寫十誡和摩西五書以外，還曾獲上帝授以特別的祕密知識，並以魔導書形式將其記錄了下來。

摩西著作魔導書的傳說似乎早在西元4世紀便已經存在。當時以紙莎草紙＊製成的古文書當中便有以《摩西隱祕之書》、《摩西第八書》為題名的文件，而這些文件當中還記載到當時曾有《摩西之鑰》、《摩西的神祕月之書》等書存在。從這點便不難發現，摩西打從那個時代起便已經是位相當出名的魔導書作者。18世紀以後有《摩西第六書、第七書》、《摩西第八書、第九書、第十書》等魔導書問世，便也都要歸因於上述傳說。

＊紙莎草紙：請參照P.222注釋附錄No.002＊2。

摩西

曾經多次引發奇蹟、拯救猶太人。

摩西

令天降冰雹

分紅海

招來大量蝗蟲

將河水變成鮮血

摩西在聖經裡面多次引發奇蹟，使得眾人相信他曾獲上帝賜予祕密知識並著有許多魔導書。

聖經裡的英雄摩西獲上帝賜予知識，寫下了10本書：

舊約聖經開頭的五部書「摩西五書」

〈創世記〉　〈出埃及記〉　〈利未記〉

〈民數記〉　〈申命記〉

魔導書

《摩西第六書、第七書》　《摩西第八書、第九書、第十書》

傳說摩西還另外著有《摩西隱祕之書》、《摩西之鑰》、《摩西的神祕月之書》等魔導書。

所羅門王

King Solomon

一般相信舊約聖經中所指那位曾獲上帝授予智慧與見識的所羅門王亦通曉神祕知識，從而確立所羅門王身為魔導書作者的傳奇人物地位。

●以魔法戒指操縱惡魔的王

即便在所有曾經著有魔導書的傳奇人物當中，傳為魔導書人氣最高作品《所羅門王之鑰》作者的所羅門王仍然是個極為特殊的存在。

以色列王國第三代國王（西元前965～925年在位）所羅門王是大衛之子，乃以建造雄偉壯麗的神殿宮殿、創造王國盛世而聞名。另外他也是位著名的智者，甚至舊約聖經還指其曾經得獲上帝授予智慧與見識。

因為這些緣故，從很早以前人們就相信所羅門王同樣也通曉神祕知識，甚至西元1世紀還有位猶太歷史學家約瑟夫斯[1]留下記載指出所羅門王著有多達3000冊的作品，其中也包括了魔導書。

約莫1～5世紀期間有部傳為所羅門王作品的《所羅門王的遺言》出現，裡面記載到這麼一則故事：從前所羅門王建造神殿時曾遭遇到惡魔妨礙，讓工匠們吃了不少苦頭。就在此時，受命於上帝的天使米迦勒帶著一只蘊有禁錮惡魔魔力的戒指出現，而所羅門王不但靠著這只戒指收服了別西卜和阿斯摩丟斯，甚至還將36區惡魔等諸惡魔也都納入了麾下，並且以驚人的速度完成了神殿。更有甚者，《所羅門王的遺言》中還記載了從前所羅門王麾下諸惡魔之特徵，以及封鎖各惡魔所須咒文等內容。是故，儘管這部作品本身其實是部充滿教誨意義的宗教書籍，可是大部分人還是把它當作所羅門王寫的魔導書來閱讀。

所羅門王的傳奇性魔導書作者地位可謂正是因此而得以確立，直到中世以後仍有許多冠名所羅門王的魔導書問世。根據13世紀偉大學家大阿爾伯特[2]指出，那個時代便有五部傳為所羅門王所著的魔導書出現流通。

所羅門王的傳說

| 所羅門王 | 以色列王國第三代國王
（西元前965～925年在位） |

相傳……

曾獲上帝授以智慧與見識。

生涯著有多達3000冊作品。

成為超有名的魔導書傳奇作者。

15世紀作品《彼列的審判》插畫中的所羅門王（左）。

相傳受所羅門王號令的36區惡魔 ※3

1	盧阿克斯	13	弗波忒	25	阿納特列特
2	巴沙費	14	庫梅亞忒	26	耶納烏他
3	阿托薩耶	15	雷洛耶	27	飛多
4	尤達爾	16	亞特拉克斯	28	哈帕克斯
5	未記載	17	葉洛帕	29	阿諾斯特
6	史芬多納耶	18	布都蔑克	30	阿勒波利
7	史番多	19	納歐多	31	赫非希米列
8	貝貝	20	馬岱爾	32	伊可希翁
9	庫塔耶	21	阿拉多	33	阿空涅歐
10	滅它夏克斯	22	未記載	34	奧多希
11	迦泰尼科塔耶	23	涅弗薩達	35	弗賽諾特
12	薩法索拉耶	24	阿頓	36	畢亞納基

聖西普里安

St. Cyprianus

18世紀丹麥與挪威的魔導書,幾乎全數都冠有西元4世紀殉教的傳奇性聖人——聖西普里安之名。

●深受西班牙與北歐地區喜愛的魔導書作者

從前18～19世紀寶藏獵人愛用的魔導書,經常都冠有**安條克**的聖西普里安之名。例如19世紀西班牙就出版了一本附有祕寶清單的《聖西普里安之書》,廣受歡迎。此外18世紀丹麥和挪威的魔導書也幾乎全數被指為聖西普里安所著。

此處所指聖西普里安其實跟實際存在於3世紀的迦太基主教聖西普里安完全沒有任何關係,而只是位傳說中的聖人而已。有則傳說是這麼說的:敘利亞安條克的西普里安在孩童時代曾經信仰阿波羅神、修習密特拉教*1。他還曾遊歷埃及與巴比倫,學得各種祕密儀式歸國,並且受到異教徒讚譽為偉大的魔法師,因為他能夠與最高等的戴蒙(一種神靈)結合,並且號令使役各種精靈。可是後來卻發生了一件事,原來有人拜託西普里安用魔法替自己得到女性的芳心,而那名女性是位名叫賈絲姐的虔誠基督教處女。西普里安立刻搬出魔導書召喚惡魔,可是該女子卻在基督信仰心的武裝保護下絲毫不為惡魔的力量所動。西普里安見狀又召喚出更強大的惡魔,卻同樣是全無效果。於是西普里安這才領悟到再無其他物事能夠勝過十字架,他懺悔自身罪過並改信基督教,終於成為頗富德望的司祭,最後在304年遭羅馬皇帝戴克里先*2迫害而殉教。

因為上述傳說,中東地區從很久以前便有傳為西普里安製作的咒文與護符流傳,而18世紀後期也才會有傳為西普里安著作的魔導書流行歐洲。

傳為聖人西普里安著作的魔導書

《聖西普里安的魔導書》

· 18～19世紀。極受西班牙與北歐寶藏獵人愛讀。

· 北歐幾乎所有魔導書都是聖西普里安的作品。

◀ 18世紀末期拉丁語版《聖西普里安的魔導書》的題名書頁

? 誰是聖西普里安？

敘利亞的安條克人。

與迦太基主教西普里安同名不同人。

修習異教並成為偉大的魔法師。

↓

改宗成為基督教徒。

↓

304年受迫害殉教，成為傳奇聖人。

↓

據說西普里安能夠驅使各種精靈。

西普里安的護符與咒文於中世廣為流傳。

↓

18世紀西普里安著作的魔導書大為流行

西普里安因捨命殉教而成為聖人，是以被認為是魔導書作者的適當人選。

用語解說

●**安條克**→約莫3世紀塞琉西王朝敘利亞設為首都並興盛一時的都市。

阿巴諾的彼得

Peter of Abano (Pietro de Abano)

相傳阿巴諾的彼得便是《魔法要素》的作者，但他其實卻是位因遭同儕嫉妒而硬被冠上魔法師污名的中世義大利哲學家。

●曾將魔寵豢養於瓶中的魔導書作者

《魔法要素》是16世紀後期一部極具實踐性格、惡名遠播的魔導書，世間普遍指阿巴諾的彼得為其作者。除此以外，16～17世紀間流行於西西里島的魔導書《路奇達流斯》冠的也是他的名字。

阿巴諾的彼得（1250～1316）是義大利的學者，出生於帕多瓦[*1]近郊一個名為阿巴諾的城鎮。13世紀後期他在巴黎大學研讀修學，成為出名的學者。他主修哲學與醫學，也曾經發表過許多人相學、天文學等領域論文，可是天文學方面的論著卻使他遭受到了異端審判；其實他並沒有特別去談論魔法，而是受到嫉妒其盛名的同業舉發指為異端。儘管初審獲判無罪，可是提告者卻仍舊不死心，再次提告。根據他們提告的內容，彼得在瓶子裡養了七隻魔寵[*2]，他的知識便是接受這些魔寵傳授得來的。結果彼得在第二次異端審判就被判了死刑。豈料彼得卻在死刑執行前便已經過世下葬，行刑因此受阻中斷、激怒了異端審判所，行政官還下令挖出他的屍體正式處以火刑。好在彼得的忠僕祕密挖出遺體改葬在另一處教會的墓地，所以最後異端審判所就只能焚燒象徵彼得的人偶洩憤而已。

後來原本就是無罪清白之身的彼得終於沉冤得雪，100年後帕多瓦市政廳還為他建造豎立半身銅像。

不過彼得的魔法師傳說卻從此流傳了下來，即便200年後仍然要被指為魔導書的作者。

《魔法要素》的作者

阿巴諾的彼得

傳為《魔法要素》等書作者。

其實並未著作魔導書。

？ 真相究竟是……

生於阿巴諾的義大利學者。

13世紀後期以學者身分揚名。

同業嫉妒其盛名，告發指其為異端。

彼得其實是魔法師，他在瓶子裡飼有七隻魔寵。他的知識便是來自這些魔寵所授。

嫉妒的同業

異端審判所作出死刑判決。

16～17世紀被指為魔導書作者。

倒楣的阿巴諾的彼得直到死後200年以後還被指為魔導書的作者。

浮士德博士

Dr. Faust

在18世紀的德國，曾經與惡魔梅菲斯特締結契約、最終慘死的傳奇人物——浮士德博士所著魔導書可謂人氣極高。

●擁有最精彩傳說的魔導書作者

18世紀德國有許多魔導書被指為浮士德博士所著，譬如《地獄的三重脅迫》、《偉大而強大的海之靈》等都是以浮士德博士著作而聞名的魔導書。

16世紀的德國有位名叫約翰‧喬治‧浮士德的人物。他就讀波蘭的克拉科夫[*1]大學，成為一流的鍊金術師與醫師。後來他又在德國的海德堡大學[*2]取得博士學位，成為大學教師。但他卻是個會誇口說自己是最強鍊金術師的傲慢人物，所以跟周遭人處得並不好，於是他只能帶著一名叫作瓦古納的助手四處流浪，以表演魔法等行當為生，最後終於落到在旅店二樓離奇死亡的下場；有人說那是因為鍊金術實驗失敗所造成，總之浮士德是被一場離奇的大爆炸給炸得肢離破碎。由於他的死亡實在太過離奇，立刻就流言四起，說是浮士德跟惡魔締結契約，其死亡便是契約到期所致。如此這般，浮士德博士的傳說在真正的浮士德死後過沒多久便已然誕生，說是他在和惡魔梅菲斯特締結契約並度過長達25年的快樂生活以後，最終以離奇的死亡結束了一生。

這則傳說在18世紀極受歡迎，甚至還有人認為威登堡[*3]便是因為傳說浮士德博士曾經在近郊森林中召喚梅菲斯特的傳說始得以成為德國國內的魔法重鎮。是以浮士德博士可謂是魔導書作者的最佳不二人選。相傳根據此傳說寫下著名戲劇《浮士德》的約翰‧沃夫岡‧馮‧歌德（1749～1832）手中也有本浮士德博士寫的魔導書《地獄的三重脅迫》。

浮士德博士的魔導書

浮士德博士著作的魔導書 | 《地獄的三重脅迫》、《偉大而強大的海之靈》等。
於18世紀的德國頗受歡迎。

? 誰是浮士德博士？

 本名 約翰·喬治·浮士德

實際存在於16世紀的鍊金術師。

離奇死亡從而成為傳說。

 浮士德博士的傳說

召喚惡魔的浮士德博士

· 與惡魔梅菲斯特締結契約。

· 度過25年的快樂生活。

· 契約到期之際，靈魂遭惡魔奪去、離奇死亡。

好幾本魔導書均是以浮士德博士之名發表。

曾與惡魔締結契約的浮士德博士可謂是魔導書作者的最佳人選。

召請魔法與喚起魔法

　　為實驗自身願望而呼喚天使或靈的魔法，稱作召喚魔法（Conjuration）。這是種早自希臘羅馬時代便已經存在的傳統魔法，透過行使適當儀式與天使或靈交流接觸，便能利用彼等天上的力量遂行地上的目的。而正如本書所述，這召喚魔法正是所謂必須使用魔導書的魔法。

　　也許有些對魔法感興趣的讀者曾經聽說召喚魔法又分成召請（Invocation）和喚起（Evocation）兩個種類，並且對《所羅門王之鑰》等魔導書並未作此區分而感到不可思議。

　　這當然是有原因的，因為近代初期之前以《所羅門王之鑰》為代表的魔法本來就沒有特別區分召請與喚起；在那個時代，這兩個字的意思幾乎完全相同，都是用於指稱將天使或靈呼喚出來一事。

　　其實召請與喚起此二語的區別，乃是19世紀末成立的魔法結社——黃金黎明的魔法主張。例如亞雷斯特·克羅利就在《魔法——理論與實踐》中說到：「喚起（Evoke）是呼喚出來，召請（Invoke）則是呼喚使進入……（中略）……也就是說，人類是將【神】【召請】來到【圓環】中，將【靈】【喚起】至【三角形】中。」

　　換言之，所謂召請便是指將靈召喚至自身內部，而喚起則是將靈召喚至自身外部（眼前）。

　　是以，喚起與召請兩者的對象雖然都是靈，種類卻是完全不同。倘若召喚惡魔使其進入身體，則該者立刻就會遭其附身支配。正如克羅利所述，召請的對象非神不可。換句話說，所謂的召請其實就是人與神的一體化。其他各式各樣的靈，包括惡魔在內，則都是要呼喚使其出現在自身外部，所以應該行使喚起才是。

　　至於克羅利所說將神召喚至【圓環】、將靈召喚至【三角形】的說法，相信只消看看《所羅門王的小鑰匙》（《雷蒙蓋頓》）記載的所羅門王魔法圓便可一目瞭然。該魔法圓裡面有圓也有三角形，圓形是給施術者站的地方，而三角形則是召喚靈並將其禁錮之處。

　　「召喚又分成召請與喚起」此概念便是如此經過黃金黎明的區分定義，方得逐漸散播流傳。

第 2 章
《所羅門王之鑰》
完全解析

《所羅門王之鑰》

The key of Solomon the king (Clavicula Salomonis)

《所羅門王之鑰》非但是眾多魔導書當中人氣最高、長期以來最受喜愛閱讀的作品，對後世魔導書亦有莫大影響。

●魔導書的最高傑作

　　《所羅門王之鑰》（亦稱《**所羅門王的大鑰匙**》）是眾多魔導書當中非常特別的一部作品。正如題名「所羅門王之」所示，相傳此書乃由所羅門王所著。當然此說法始終只是個傳說，根據歷史考證可以推斷此書應是成書於14、15世紀前後。15世紀已經有希臘語的版本存在，至16世紀又被翻譯成拉丁語和義大利語。

　　1559年羅馬教宗保祿四世*發行的《禁書目錄》當中曾將《所羅門王之鑰》指為最具代表性的邪書，可是《所羅門王之鑰》始終人氣不墜；不僅僅如此，被指為特別禁書反而讓這本書的人氣不斷上升，至近代初期已經成為義大利熱賣的暢銷書。其後《所羅門王之鑰》開始在整個歐洲受到廣泛閱讀，據說當時在威尼斯便有義大利語、拉丁語、英語、德語等各種語言版本的《所羅門王之鑰》存在。《所羅門王之鑰》便是如此受到廣大群眾閱讀，從而成為歐洲最著名的魔導書。

　　《所羅門王之鑰》盛名如此，自然也對其他魔導書帶來了極大影響。歐洲自文藝復興時期至近代初期陸續有許多魔導書問世，其中許多相信都是因為受《所羅門王之鑰》影響而創作的。《雷蒙蓋頓》（《所羅門王的小鑰匙》）自是不在話下，其他像《大奧義書》、《小阿爾伯特》、《黑母雞》、《教皇洪諾留的魔導書》等也都是同樣。在這些著名的魔導書當中，隨處都能發現《所羅門王之鑰》帶來的影響。是故，《所羅門王之鑰》不單單是魔導書時代的先驅，同時更可以說是魔導書的最高傑作。

極獨特魔導書《所羅門王之鑰》的歷史

《所羅門王之鑰》 ➡ 眾多魔導書當中極為特別的作品。

所羅門王

傳說乃所羅門王所著。

⬇

實為14、15世紀左右的作品。

⬇

1559年,羅馬教宗保祿四世《禁書目錄》將此書指為邪書之代表。

不可以看這種書!

保祿四世

然則…… ┈▶ 成為禁書後卻開始大受歡迎。

⬇

譯成各國語言。

| 義大利語 | 拉丁語 | 英語 |
| 法語 | 德語 | |

受《所羅門王之鑰》影響而問世的魔導書

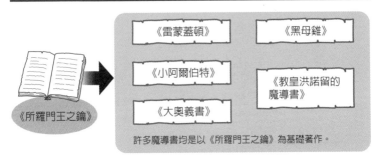

《所羅門王之鑰》

《雷蒙蓋頓》　《黑母雞》

《小阿爾伯特》　《教皇洪諾留的魔導書》

《大奧義書》

許多魔導書均是以《所羅門王之鑰》為基礎著作。

用語解說

●《所羅門王的大鑰匙》→為與《所羅門王的小鑰匙》(《雷蒙蓋頓》)區別,有時亦作如此稱呼。

《所羅門王之鑰》的內容

Contents of "Key of Solomon"

該如何操縱存在於宇宙之間無數的靈方能實現願望？其方法已然具體記載於《所羅門王之鑰》之中。

●不光只是惡魔，而是以所有的靈為施術對象的魔導書

《所羅門王之鑰》的主體思想認為，魔法基本上乃是憑藉神的力量所行使，人類可透過向神祈禱來驅使各種的靈。

這個世界充滿著數量極為驚人的靈，他們各有職掌。例如當時相信宇宙分成第一天到第十天，每層天各由複數的靈司掌；另外像四大元素也各有專責的靈，甚至每一個人身上也都各自分配有守護靈。

所謂的魔法就是要對這些靈工作藉以達成願望，而《所羅門王之鑰》便記載著如何才能達到此目的的方法。換句話說，其內容詳細記載了執行魔法所需道具與材料、占星術所謂適於施術的時間、形形色色的符籙（護符與驅魔符）圖形以及咒文等諸事項。

這本書共分兩卷，第一卷是以具體的魔法方法為主題。此卷從極為一般的基本魔法程序，到各種因特殊目的而異的施法程序，均有說明。所謂特殊目的，便是指「尋回被盜物品」、「隱形」、「從賢者口中問出想要的知識」、「獲得神靈擁有的財寶」、「獲得他人的好感與愛」等諸事。

第二卷的主題則是魔法的準備作業，亦即施行魔法的注意事項，諸如淨身的方法、獻祭品的方法、各種魔法道具的製作方法等。此書還另外有個特徵，那就是對羊皮紙或墨水的製作方法等其他魔導書不常提到的部分也有詳細的說明。也正因為如此，《所羅門王之鑰》方才得以成為魔法師絕對不可或缺的魔導書。

《所羅門王之鑰》的魔法

《所羅門王之鑰》

透過向神祈禱驅動諸靈、以實現願望的魔法。為達此目的，書中詳細記載有所須之魔法道具與咒文等事項。

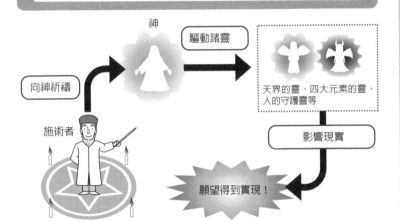

神

驅動諸靈

向神祈禱

天界的靈、四大元素的靈、人的守護靈等

施術者

影響現實

願望得到實現！

《所羅門王之鑰》的結構

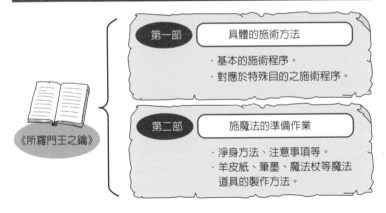

《所羅門王之鑰》

第一部　具體的施術方法

・基本的施術程序。
・對應於特殊目的之施術程序。

第二部　施魔法的準備作業

・淨身方法、注意事項等。
・羊皮紙、筆墨、魔法杖等魔法道具的製作方法。

用語解說

●《所羅門王之鑰》→此作品的手抄本不計其數，內容各異。此處乃參考麥達格‧瑪瑟斯版《所羅門王之鑰》所著（請參照P.182）。

魔法的原理

The Principles of Magic

若能熟知靈的喜好並成功拉攏之，操縱靈並非絕無可能的難事，此即《所羅門王之鑰》的魔法原理。

●為何必須使用魔導書《所羅門王之鑰》的原因

《所羅門王之鑰》開頭處以所羅門王教諭其子羅霍博姆的形式記載到下列內容：

創造出一切的萬能的神希望人類是完全的，因此將人類創造成兼具神性與物質性的存在，亦即其肉體是粗野的、屬於地上，其靈魂是靈性的、屬於天上。因為這個緣故，人類才能讓地上的靈和天上的天使服從自己。

如此一來，為神的榮耀出力奉獻便是件很重要的事。

靈和天使有諸多不同種類。靈和眾天使乃是以其職掌區分，譬如天使就有分最高天*的天使、原動天的天使、水晶天的天使、七行星的天使。四大元素也有各自對應的天使，即火・風・水・地的天使。同時，我們也不可忘記神也為我們每一個人派遣了天使，監視著我們行動的正當與否。

如果能知道這些靈與天使的性格、甚至吸引他們的方法，人類就能讓他們聽從自己。

然而召喚這些靈最理想的日子與時間各不相同，唯有在那特定時間召喚才能發揮最大的力量。同樣地，每個靈各自有其相對應的各種事物，例如顏色、金屬、藥草、植物、水生動物、飛行動物、陸行動物、香味、方位、咒文、印章、圖形、神聖文字。人類必須綜合上述物事所蘊力量方得驅動靈與天使，是以必須熟知此書《所羅門王之鑰》所寫內容。

---

* 最高天、原動天、水晶天：但丁《神曲》主張托勒密式的宇宙，認為宇宙乃以地球為中心，由內而外依序是月球、水星、太陽、火星、木星、土星運行的七個天球，再來則是恆星天；恆星天外側還有原動天與最高天。水晶天則是原動天的另名。

人類為何能夠操縱靈的原因

神將人類創造成兼具神性與物質性的存在，所以人類才能操縱天上的靈和地上的靈。

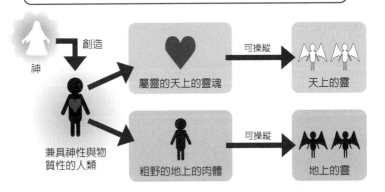

操縱靈的原理

只要知道吸引靈的方法，便能操縱他們。這些全都記載於《所羅門王之鑰》之中。

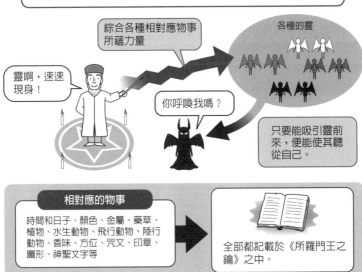

相對應的物事	
時間和日子、顏色、金屬、藥草、植物、水生動物、飛行動物、陸行動物、香味、方位、咒文、印章、圖形、神聖文字等	全部都記載於《所羅門王之鑰》之中。

各行星司掌的日子與時間

Planetary hours and days

魔法的內容受到行星的支配影響，因此施行魔法者應當將各行星與每週各日、每日各時的關係製成表格，以免遺漏忘卻。

●每週各日與每日各時均受行星影響支配

《所羅門王之鑰》認為行星擁有非常大的力量，支配著每週各日與每日各時，而魔法亦因內容而各有其適當的施術日和施術時間。是故，欲施行魔法必得掌握行星與每週各日、每日各時之間的關係，其關係如下：

每週各日分別由名字相近的行星支配，亦即週日＝太陽、週一＝月亮、週二＝火星、週三＝水星、週四＝木星、週五＝金星、週六＝土星。

每日各時與行星的關係則是更為複雜：

每天有24個小時，這24個小時又可以分成日出到日落的12小時，以及日落到日出的12小時。此處必須特別注意的是，晝夜長短乃因季節而異，所以晝夜每一個小時的長度自然也就會隨著季節而變化。

除此以外，每週各日日出後的第1個小時還有個特徵，就是會受到與每週當日相同的行星支配；也就是說，每天的第1個小時分別是週日＝太陽、週一＝月亮、週二＝火星、週三＝水星、週四＝木星、週五＝金星、週六＝土星。接著就要進入每個小時按照太陽→金星→水星→月亮→土星→木星→火星→（再回到開頭的太陽）的周期重複循環。此規則亦可適用於一整週各小時的行星輪替，從支配週日日出後第1個小時的太陽開始，直到支配週六最後1個小時的火星，然後再重複相同的循環。支配行星每個小時都要替換，不容易記，可以事先準備正確的表格供查詢比對，以免搞錯。

造成莫大影響的行星力量

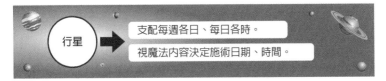

行星 → 支配每週各日、每日各時。
視魔法内容決定施術日期、時間。

行星與每日各時刻關係表

每週各日與每日各時的支配行星乃以下列順序輪替交換。

每日各時	週日	週一	週二	週三	週四	週五	週六
1	太陽	月亮	火星	水星	木星	金星	土星
2	金星	土星	太陽	月亮	火星	水星	木星
3	水星	木星	金星	土星	太陽	月亮	火星
4	月亮	火星	水星	木星	金星	土星	太陽
5	土星	太陽	月亮	火星	水星	木星	金星
6	木星	金星	土星	太陽	月亮	火星	水星
7	火星	水星	木星	金星	土星	太陽	月亮
8	太陽	月亮	火星	水星	木星	金星	土星
9	金星	土星	太陽	月亮	火星	水星	木星
10	水星	木星	金星	土星	太陽	月亮	火星
11	月亮	火星	水星	木星	金星	土星	太陽
12	土星	太陽	月亮	火星	水星	木星	金星
1	木星	金星	土星	太陽	月亮	火星	水星
2	火星	水星	木星	金星	土星	太陽	月亮
3	太陽	月亮	火星	水星	木星	金星	土星
4	金星	土星	太陽	月亮	火星	水星	木星
5	水星	木星	金星	土星	太陽	月亮	火星
6	月亮	火星	水星	木星	金星	土星	太陽
7	土星	太陽	月亮	火星	水星	木星	金星
8	木星	金星	土星	太陽	月亮	火星	水星
9	火星	水星	木星	金星	土星	太陽	月亮
10	太陽	月亮	火星	水星	木星	金星	土星
11	金星	土星	太陽	月亮	火星	水星	木星
12	水星	木星	金星	土星	太陽	月亮	火星

行星的影響力與魔法

Planetary influences

行星的支配力量可以影響魔法的內容，因此應該選在各特定行星支配的日時施行適合該日時的魔法才是。

●魔法效果將受到支配行星與月亮位置影響

根據《所羅門王之鑰》記載，行星的支配力量甚至可以影響到魔法的內容。因此在由特定行星支配的日子和時間，就必須施行適合該日時的魔法。此處列舉數例如下：

屬「土星」的日時：適合從冥府召喚自然死亡者的靈魂、替建築物帶來幸運或不幸、命魔寵＊在自己睡眠中出來從事各種工作、左右控制工作‧財產‧商品‧種籽‧水果等物事的豐收或歉收、帶來破滅或死亡、帶來憎惡或不和等諸多魔法。

屬「木星」的日時：宜從事獲得名譽‧財富‧友情以及維持健康的魔法。

屬「火星」的日時：宜從事與戰爭相關諸事，也就是獲得名譽、使變得勇敢、擊破敵人等事，甚至招致破壞、虐殺、殘酷、不和、負傷、死亡諸事也都涵蓋在內。

屬「太陽」的日時：適合從事可滿足暫時性須要的魔法，諸如獲得財富、幸運、君主的好感、消解敵意、獲得朋友等儀式。

屬「金星」的日時：宜從事與友情、愛情、親暱有關的魔法。

屬「水星」的日時：宜從事獲得辯才、智慧、機智、預言能力，以及其他有關詐欺與商業的儀式。

屬「月亮」的日時：宜從事航海、派遣大使或外交官、貿易之類牽涉湖海河川相關諸事，以及愛與和解的魔法。

不過，魔法的效果跟月亮在黃道上的位置也有很深的關係，是以欲使魔法發揮最大效用不僅僅要注意各行星司掌的日時，還必須注意月亮在黃道上的位置才行。

＊ 魔寵：請參照P.224注釋附錄No.019＊2。

行星對魔法造成的影響力

行星　強大影響　→　日子／時間　是故　→　每日每時均各有適於施行的魔法。

每日每時無不深受行星的強大影響，所以必須視日時執行適宜魔法。

適於分屬各行星日時施行的魔法

土星
適合從冥府召喚自然死亡者的靈魂。
替建築物帶來幸運或不幸。
命魔寵在自己睡眠中出來從事各種工作。
左右控制工作‧財產‧商品‧種籽‧水果等物事的豐收或歉收。
帶來破滅或死亡、帶來憎惡或不和。

木星
獲得名譽‧財富‧友情以及維持健康。

火星
與戰爭相關諸事。
亦即獲得名譽、使變得勇敢、擊破敵人等事，甚至招致破壞、虐殺、殘酷、不和、負傷、死亡諸事。
召喚戰死者的亡靈。

太陽
暫時性的財富、幸運、君主的好感、消解敵意、獲得朋友等儀式。

金星
與友情、愛情、親暱有關的魔法。另外也適於出外旅行。

水星
獲得辯才、智慧、機智、預言能力，以及其他有關詐欺與商業的儀式。宜從事遊戲、運動等娛樂活動。

月亮
宜從事航海、派遣大使或外交官、貿易之類牽涉湖海河川相關諸事。愛與和解的魔法。
宜從事取回失竊物品、召喚沉睡的靈以及跟水有關的諸儀式。

儀式前的術師注意事項

Preparations of the Master of the art

術師（魔法大師）必須在斷食的三天期間內檢查驗證魔法的各個細節，並且做好所有必要的準備。

●術師於展開儀式前的準備事項

欲執行魔法儀式，則魔法術師須得注意以下事項（此節所述乃是整體的大致流程，進一步的具體內容請參照相應條目說明）：

首先第一件就是，無論欲施行《所羅門王之鑰》魔法者的秉性如何，切不可受到無聊的庸俗雜務與旁雜意念影響。

其次，術師必須仔細檢查所要施行的魔法，將各個細節整整齊齊地先謄寫在紙上。尤其在施術目的的部分，必須把適用的咒文、驅魔儀式先釐清好來。適於施術的理想日時、必須準備和可以省略的東西也都要先弄清楚。此外，屆時無論施加印記或書寫文字，都必須使用特別製作的紙‧墨‧筆等書寫用具。

做好上述準備以後，接著就要尋找執行魔法儀式的場所；術師必須親自前往該處（因施術目的而異，有時會選在密室），在那裡為每個步驟程序做準備。不過選擇施術場所有個條件，必須是個無人知曉而且不會被人看見的地方。

施術場地安頓好以後則是入浴儀式，然後至少三天之內不得有任何多餘無益的思想，必須摒除一切的不純潔與罪惡。此即所謂的「斷食行」與「徹夜行」。

所有物事都必須在這三天內準備停當，接下來施術者就只要靜靜等待展開儀式的適當時機來臨即可。一旦展開儀式，那就必須從頭進行到尾、不可中斷。如此一來，術師付出的努力就能夠得到理想的結果。

儀式前的準備流程

 施術者展開儀式前的施術準備與心態準備如下：

| 整體心態 | 無論如何不可受到無聊的庸俗雜務與旁雜意念動搖。 |

程序 1
檢證魔法

確定施術目的、適當咒文、驅魔儀式、施術的理想日時，哪些東西必須準備而哪些東西可以省略，全部寫在紙上。須使用特製的紙墨筆書寫。

程序 2
尋找場所

施術者親身前往施行魔法的場所，為每個步驟程序做準備。最好是個無人知曉、不會被人看見的地方。

程序 3
入浴儀式

於適當日時前往河川、溪流或密室中，按照規定入浴淨身。

程序 4
斷食儀式

三天內摒除任何多餘無益的思想，以及一切的不純潔和罪惡。

程序 5
待機

等待施行儀式的時日到來。所有事項都必須已經準備停當。

同伴與弟子注意事項

Preparations of the Companions or Disciples

如果可能的話，魔法儀式最好是由三名同伴或弟子陪同進行，否則跟忠心的愛犬一同進行也可以。

●為三名同伴或愛犬做好準備

據說魔法儀式最好是在三名的同伴或者弟子的陪同下一齊進行。此處所說的三個人並不包括術師本身；如果情形不許可，至少也要跟忠心的愛犬一同執行儀式才是。是故，爲使儀式得以成功，術師首先就必須好好考慮要找什麼樣的同伴合作。

如果選擇與同伴或弟子共同舉行儀式，則這些同伴弟子必須發誓服從術師指示，否則很可能蒙受神靈所造成的痛苦與危險，甚至喪命。

如果選擇與同伴共同執行儀式，術師囑咐交待好以後就要準備施過驅魔儀式的聖水，將弟子們領到已經事先灑掃清潔過的密室裡。弟子要在這裡赤裸全身，以聖水從頭頂一路澆到腳底板，潔淨全身。接著再讓弟子穿上長袍與術師作相同的裝扮、斷食三天，其間無論祈禱或者任何行動一律都要比照術師進行。

若是不選擇人類而選擇跟狗一同舉行儀式，同樣也要用聖水把狗洗乾淨，用施術的焚香或香水使致芳香，並事先誦唸特定咒語。

若同伴是稚幼的少年少女，也要跟處理愛犬同樣幫他們潔淨身體、施以芳香，然後把手指甲腳趾甲修剪整齊、唱誦特定咒語。

按照上述正確方法選定、任命同伴並且安排妥當以後，術師就隨時可以開始執行儀式了。但是爲安全起見，術師和同伴都要在胸前佩帶星陣圖。一般來說，同伴或弟子的人數扣掉術師自己是三個人，不過也可以由五名、七名或者九名同伴一同進行。

執行魔法儀式的同伴

魔法儀式必須與三名同伴或弟子一同進行。倘若情形不許可，至少也要跟忠心的愛犬一同執行。

遵命！

汪！

三名同伴或弟子

忠心的愛犬

弟子與愛犬的注意事項

若選擇弟子

・選擇發誓服從術師的弟子。
・於密室以聖水清洗全身。
・穿上長袍，斷食三日。

若選擇愛犬

・以聖水清洗乾淨。
・以施術焚香或香水使致芳香。
・誦唸特定咒語。

若選擇少年少女

・比照愛犬，以聖水清洗身體。
・使致芳香。
・將手指甲腳趾甲修剪整齊，唱誦咒語。

以正確方法選好同伴以後，就隨時可以展開魔法儀式了。

節制與斷食期間相關事項

About the Fasting and Moderation

儀式前的九天準備期乃是節制與斷食的期間，必須累積善行、誠實待人、謹守禮儀，無論做什麼都不可失卻節度。

● 儀式前的準備期間必須謹言慎行

魔法儀式開始前有九天的準備期間。

這個準備期間是用來準備外套鞋子羊皮紙等儀式所需魔法道具，同時卻也是節制與斷食的期間。

所以打從這個準備期開始以後，就必須避免精神上和肉體上的不虔誠、不純潔、邪惡、極端諸事。舉例來說，過度的暴飲暴食、無意義的冗長廢話、誹謗中傷他人等都是決計不可為，必須累積善行、誠實待人、謹守禮儀，無論何事都不能失卻節度。這可謂是儀式前的九天準備期間中最最重要的一件事。不僅術師必須如此，弟子們也同樣必須遵守。

另外，在長達九天的準備期間當中的最後三天，也就是執行儀式前的三天，必須進行斷食；這個所謂的斷食是指限制每日只能吃一餐，如果這一餐能夠只吃麵包加清水則是更加理想。當然了，這段期間中自然也必須如前所述般避免一切不純潔事物，然後固定每天早上一次、傍晚兩次進行祈禱。

來到儀式展開的前一天，這一整天必須完全遠離食物，然後進入密室向神坦承自身罪業並且悔改。

眾弟子也要跟術師一起從事以上活動。

完成前述諸事以後，接著就要進入密室，用水和海索草*淨身然後入浴。（入浴相關事宜請參照P.066）

---

* 海索草（Hyssop）：唇形科庭園草本植物，學名為Hyssopus officinalis，花和常綠葉常用於多種食品、飲料和烹飪調味，以及作為家用藥物。味甜帶苦辛，其葉加蜂蜜配製的濃茶是治療鼻咽和肺等疾病的傳統藥物，有時外用於挫傷。

九天的準備期間

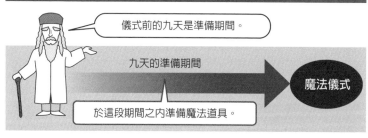

儀式前的九天是準備期間。

九天的準備期間 → **魔法儀式**

於這段期間之內準備魔法道具。

如何渡過節制與斷食的九天

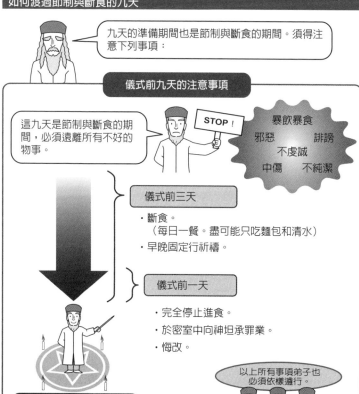

九天的準備期間也是節制與斷食的期間。須得注意下列事項：

儀式前九天的注意事項

這九天是節制與斷食的期間，必須遠離所有不好的物事。

STOP！

暴飲暴食
邪惡　　誹謗
不虔誠
中傷　　不純潔

儀式前三天

- 斷食。
  （每日一餐。盡可能只吃麵包和清水）
- 早晚固定行祈禱。

儀式前一天

- 完全停止進食。
- 於密室中向神坦承罪業。
- 悔改。

魔法儀式

以上所有事項弟子也必須依樣遵行。

儀式前的入浴

About the Baths

施行魔法或降靈術前，須得在河川或溪流、或者在密室中以臉盆準備溫水，按規定入浴。

●用水和鹽巴驅除不潔與慾望

魔法、降靈術規定必須在施術前以下列步驟入浴：

首先選在適當日時做好準備，再前往河邊或溪畔，或者也可以事先用臉盆等容器準備溫水放在密室裡面。一面唱唸《詩篇》章句（第14篇或第53篇以及第27篇、第54篇、第81篇）一面脫衣服。衣服全部脫掉以後，進到水中或浴槽裡面唱誦：

「受創造的水啊，我為你驅魔。以創造你、使你集中於一處出現於大地的那位造物主之力，揭露敵人陰謀、洗清惡靈的不純與不潔、使致無害。以永世統治者、萬能上帝之德。阿門。」

接著要把全身上下每個角落都洗乾淨，一邊重複唱誦下列名字兩到三次：「梅塔里亞、姆薩里亞、多伐里亞、歐涅馬里亞、席丹賽亞、戈爾達伐拉、德丟賽拉……」

洗乾淨以後離開浴槽，取魔法水灑在身上、再唱曰：

「主啊，請以海索草為我淨身，使如冰雪般潔白。」

然後邊穿衣服、邊唱誦《詩篇》特定章節（第102篇、第51篇、第4篇、第30篇、第119篇「我何等愛慕你的律法」的部分、第114篇、第126篇、第139篇）。

接著是施鹽的祝福，手握一把施過驅魔儀式的鹽巴投入浴槽，再度褪去衣服並唱道：「充滿力量與驚奇的埃爾啊！我讚頌廻。我在此地向廻祈願，向廻感謝。願此水能摒去我的不潔與慾望。以廻，聖阿多奈之力。阿門。」

再次入浴並唱誦詩篇第104篇與第81篇，踏出浴槽換上潔白的亞麻材質衣服，最後穿上外套。

術師的入浴儀式至此告終，接下來就要輪到弟子們以同樣的法度、同樣嚴肅的態度進行入浴儀式。

入浴的意義

| 儀式前的入浴 | ➡ | 潔淨身體、驅除不潔。 |
| | | 使儀式成功的必要條件。 |

入浴的程序

 入浴也有規定的程序，必須按照下列步驟進行方可：

① 前往入浴場所。

可在密室中準備裝有熱水的臉盆，也可以去河畔或溪邊。

② 清洗身體。

⑤ 祝福鹽巴，加進浴槽裡。

撒撒撒

③ 踏出浴槽，以聖水揮灑身體。

撒

撒

⑥ 褪去衣服，再次入浴。

④ 穿上衣服。

穿上原本的衣服即可。

⑦ 出浴著裝。

穿上清潔的亞麻衣服與外套。入浴至此告一段落。

用語解說

●**海索草**→藥草的一種，被當作灑水器使用（請參照P.094）。

執行儀式的場所

About the places for the ceremonies

若能在遠離人居的祕密處所、寂靜無人處、深夜的十字路口等適合
魔法的場所執行魔法儀式，則魔法將會更有效果。

●尋找遠離人居的荒廢處所

魔法儀式最好能夠在適合的場所進行。如果情況不許可，
當然也可以在自己的房間裡施行，只是若能在適合場所執行儀
式將會更有效果。

所謂適合的場所，以遠離人居的祕密處所、荒涼無人處為
佳，譬如湖畔、森林、幽暗不起眼的地方、荒廢的古屋、山
中、洞窟裡、庭園、果樹園等地，不過最理想的還是深夜漆黑
幽靜的十字路口。

待地點大致底定以後就要實際前往該地，晝夜不拘，決定
適合施行儀式的確切地點（亦即製作魔法圓的地點）。附近最
好是片開闊的地面，不過施行儀式地點必須有圍牆、草叢、樹
木等物圍繞。找到這樣的地方以後，必須將該處清掃整理至全
無一點污穢，進行清掃作業時還要一面唱誦《詩篇》的第2
篇、第67篇、第54篇。其後焚燒施有魔法的薰香使周圍充滿馨
香，以海索草*散布灑水，然後著手施行準備魔法所須的全部
事項。

來到實際施行儀式那天，從出門到抵達施術地點的期間
內，途中必須低聲重複唱唸特定的禱辭：「薩薩依、薩馬依、
普依達蒙、埃爾、耶和華、依亞、阿格拉啊，請給我力量。」

術師唱誦著禱辭並沿路揮灑沾水的海索草，弟子們則是要
低誦斷食的禱辭。至於魔法道具則是由眾弟子們分別攜帶（第
一人拿香爐、火、薰香。第二人拿魔導書、紙筆墨和各種香
料。第三人拿短劍與鐮刀），法杖則是由術師自己拿著。

抵達目的地以後，接著就是要進入建構魔法圓的作業了。

---

* 海索草：請參照P.064注釋。

魔法儀式及其執行場所

執行儀式的場所？ ➡ 有些場所特別適合施行魔法。

遠離人居的荒廢處。

具體來說，下列場所便頗為理想。時間則是以夜晚為基本。

廢屋　　森林　　湖畔

洞窟　　庭園　　十字路口

設製魔法圓的場所

魔法圓的場所 ➡ 魔法圓多繪製於圍牆、草叢、牆壁等物圍繞之處。

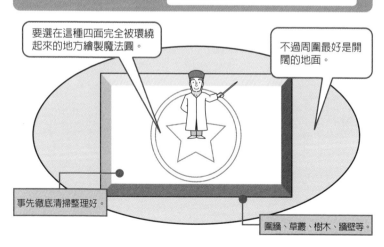

要選在這種四面完全被環繞起來的地方繪製魔法圓。

不過周圍最好是開闊的地面。

事先徹底清掃整理好。

圍牆、草叢、樹木、牆壁等。

魔法圓建構儀式

About the formation of the circle

魔法圓必須遵照固定的方法與尺寸盡可能精確地繪製，還必須要在術師及同伴進入以後能夠確實地關閉才行。

●唱誦詩篇並建構魔法圓

抵達儀式場所準備完畢以後，接著就要開始建立魔法圓，其方法如下：

取鐮刀或彎刀插在地面，作為魔法圓的中心點，並取出事先準備好的9英呎長的繩索，一頭繫在鐮刀刀柄當作圓規使用，另以黑柄短劍或者短刀在地面畫出圓周。畫好以後，跟著再以1英呎間隔距離在外側畫出兩個同心圓，然後在內側兩個同心圓中間書寫聖神的符號。外側兩個同心圓中間則先寫上星陣圖等固定記號，然後於其間寫下眾神的名字；東南之間寫下神聖的聖四文字YHWH、西南之間寫AHIH、西北之間寫ALIVN、北東之間寫ALH。

接著在同心圓外側畫兩個四方形，使四個角分別指向東南西北四個方位，兩個四方形中間間隔0.5英呎。然後以外側四方形的四個角頂點為中心，畫出四個直徑1英呎的圓，在圓心寫下聖神之名：東AL、西IH、南AGLA、北ADNI。除此之外還要在這四個圓的內側各自畫出較小的圓，以供舉行儀式時在這些小圓內側設置香爐。

進行魔法圓製作作業時，術師必須不停唱誦《詩篇》的下列篇章：第2篇、第54篇、第113篇、第67篇、第47篇、第68篇。建構魔法圓作業尚未展開以前，同樣也可以誦唸這些篇章。

魔法圓畫好以後，術師就會再度召集弟子，將弟子分別安排在魔法圓的各個定位，以進行靈的召喚作業。又為了供術師與眾弟子出入，魔法圓朝北的部分線條會先留白不畫，等到舉行儀式時大家都進入圓圈裡面以後，再連接這些線條將魔法圓關閉起來。

魔法圓的製作方法

繪製魔法圓的基礎作業 ➡ 以鐮刀、短劍、繩索代替圓規在地面畫圓。

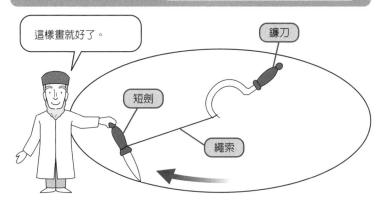

這樣畫就好了。

鐮刀

短劍

繩索

魔法圓的形狀

完成以後的魔法圓就是這個樣子：

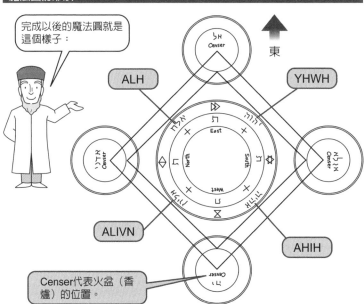

東

ALH

YHWH

ALIVN

AHIH

Censer代表火盆（香爐）的位置。

71

召喚儀式

About the conjuration ceremony

執行召喚儀式時只要依序使用咒文由弱至強四個階段的咒文：普通咒文、強咒文、極強咒文與火炎召喚咒，靈就必定會出現。

●使靈服從的四階段咒文

　　魔法圓完成後，接著就要開始召喚靈的儀式。首先由術師潑灑聖水為魔法圓除穢，然後再度召集眾弟子進入魔法圓圈內。待眾人都踏進魔法圓以後，把先前預留空白處的線條完成、關閉魔法圓。將眾弟子安排在東南西北四個方位，將筆、墨、紙、絲、綿布交給站在東方的弟子拿好，並讓眾弟子持劍、做好準備以便隨時拔劍。接著點起四方香爐，點燃蠟燭並將其安置在固定位置，然後向神祈求儀式得以成功：「我等垂首，萬能的主啊，請廻降臨，並請廻命天使守看此地。請垂聽我等祈願。萬代無期的統治主啊！」

　　接著術師會吹響事先準備的木製喇叭、手持星陣圖或徽章（金屬材質星陣圖），然後通常會面向東方唱禱咒文。咒文有下列四個種類：先唱是「普通咒文」。如果靈沒有出現的話，那就取出聖別[*1]過的星陣圖或徽章拿在左手、右手持短劍唱誦「強咒文」。若此時靈出現了，便出示左手的星陣圖；倘若靈還是不出現，便以右手短劍在空中揮舞斬切，然後放下短劍、膝立於地唱誦「極強召喚咒」。來到這個階段，幾乎絕大多數靈都會應召喚現身。但如果靈極為頑固又不肯服從，那術師就要在羊皮紙寫下靈的名字、以泥土灰塵等物塗污羊皮紙，然後連同曬乾的**芸香**、磨成粉的**阿魏**和邪惡的香料一起點火燃燒，並唱誦「火炎召喚咒」：「我召喚汝等，火炎的受造物……」

　　這麼一來，靈就必定會出現。

術師與弟子的配置

術師與弟子的配置如右所示：

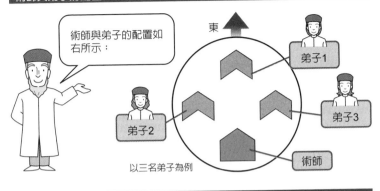

東

弟子1

弟子2

弟子3

術師

以三名弟子為例

四個階段的召喚咒文

向神祈禱完畢以後唱誦惡魔的召喚咒，其召喚咒共分四個階段，1<2<3<4力量愈發強大。

① 普通咒文

靈啊，現身吧。以神偉大的德澤、智慧、力量與慈愛，我命令汝等現身。……

③ 極強召喚咒

諸靈啊，我強制命令汝等。奉阿多奈、札包特、耶洛姆等神的諸名。……

② 強召喚咒

諸靈啊，我再度召喚汝等，以神諸多名字當中力量最強大的埃爾[*2]之名。……

④ 火炎召喚咒

出現吧，火炎的受造物。否則汝等將永受詛咒、斥罵與責備。……

 若①的時候靈還不出現，術師就會左手持星陣圖、右手持短劍在空中揮舞。

用語解說

●芸香→經常當作藥草使用的柑橘科藥用植物。

●阿魏→經常當作藥草使用的繖形科[*3]藥用植物。

號令諸靈

Orders to spirits

靈出現以後，術師便要以星陣圖或徽章出示諸靈之王、鎮懾諸靈，並以堅毅強硬的口吻下達命令。

●出示星陣圖以行號令

根據《所羅門王之鑰》記載，前節所述的四個階段召喚咒必定能使靈出現；那時術師應該能夠看見階級較低的靈替高級靈開道、四面八方風風火火急奔而來才是。

此間諸靈特徵如下：第1團奔將前來的諸靈作兵士裝扮，全身裝備著長槍‧盾牌‧甲冑，第2個集團的靈則看似是男爵、君主、公爵、隊長、將軍之類，第3次亦即最後出現的便是他們的王，會在許多拿著樂器的演奏者以及唱出優美旋律的合唱隊簇擁之下現身。

眾靈出現以後，術師就要向諸靈之王出示原本別在胸前的星陣圖或徽章，唱誦曰：「在任何人都要向祂屈膝的偉大的主面前，汝等亦當屈膝……」此時，諸靈之王就會跪下說道：「汝所欲何為？因何將我從地獄奧底召喚？」

對此，術師必須以堅毅強硬的口調命令諸靈肅靜，以香爐焚燒大量薰香，如此應當能鎮懾諸靈使其生怯。

此時術師就要以星陣圖鎮住諸靈之王，同時以自身願望命令之，則願望就可以得到實現。

待所有要求都得到滿足以後，最後就只剩下讓諸靈平和地散去、回歸地獄而已。此時唱辭曰：「奉永恆且無終期的第一存在，阿多奈（check）之名。所有的靈啊，汝等即可回歸原本所在，並為我等帶來平靜，直到下次再度召喚為止。」

如此諸靈就會退去，此時術師先踏出魔法圓，然後眾弟子再一一離開圓陣。全員用聖水洗過臉以後就可以回歸日常生活，而儀式亦就此告終。

依序現身的靈

術師唱誦四階段咒文期間，眾靈必定會按照低階者先、高階者後的順序從四面八方急奔而來。

① ② ③ ④

第1集團

全身裝備長槍、盾牌、甲冑作士兵裝扮的靈。

第2集團

看似男爵、君主、公爵、隊長、將軍的靈。

第3集團

諸靈之王④跟在樂器的演奏者、合唱者③的隊伍最後出現。

號令諸靈

靈出現以後，以胸前星陣圖鎮住眾靈之王，命其按照自身願意行事，如此願望便能實現。最後只要讓諸靈平和地散去、回歸地獄即可。

嚇！
是星陣圖。

哇～　哇～

星陣圖

蒸蒸
騰騰

眾靈之王

香爐

如果眾靈吵鬧，別忘記可以焚燒大量薰香讓他們閉嘴。

特別的魔法儀式

About extraordinary experiments and operations

根據《所羅門王之鑰》記載，除一般的尋常魔法以外，尚有以尋找失竊物品、尋找寶物等目的而從事的特別魔法儀式。

●八種特別儀式相關注意事項

除前述的一般魔法儀式以外，《所羅門王之鑰》對某些特別魔法儀式亦有陳述。

該作品所謂特別的魔法儀式，即「找回被盜物品的方法」、「變成透明人的方法」、「防止運動意外致死的方法」、「旅行也不會疲累的吊襪帶製作方法」、「向靈習得知識的地毯製作方法」、「獲得靈所擁寶物的方法」、「獲他人喜好愛戀的方法」、「使詐欺得以成功的方法」。這些魔法為何在當時受到特別看待如今已不復得知，總之其內容有別於一般的魔法儀式，而且還必須留意在相對應的日時執行儀式方可。

舉例來說，找回失竊物品的儀式便規定要在屬月亮的日子與時間進行，而且還必須要在月亮由虧轉盈的期間內，從午間1點進行到8點。夜間則同樣可在5點或3點開始舉行儀式，不過仍以白晝較夜間來得理想。

變成透明人的儀式則應於月亮落在雙魚宮且逐漸滿盈的期間，屬火星之日的午間1點、2點或3點開始進行，夜間最晚則以3點為限。

尋求愛戀與好感的儀式則應於月亮落在雙子宮且逐漸滿盈的期間進行。此儀式當於屬太陽當日的1點到8點間進行，或者金星日的1點到8點亦可。

使詐欺得以成功的儀式則是該在金星日的1點到8點間進行，夜裡則以3點與7點為佳。其次，此儀式須於月亮落在獅子宮或白羊宮且逐漸滿盈的期間內進行。

關於這些日期與時間上的限制，魔法達人似乎並不須要特別在意，不過初學者就必須徹底遵守。

特別的魔法儀式

《所羅門王之鑰》以專用的特別儀式說明針對下列目的行使的魔法。當施行這些魔法的時候，還必須特別注意施術的日子和時間。

尋找被盜物品的魔法

於屬月亮的日時、且月亮逐漸滿盈的期間內進行。

變成透明人的魔法

月亮落在雙魚宮且逐漸滿盈的期間內進行。

防止運動意外致死的魔法

於2月的週五行使魔法。

製作旅行不感疲累之吊襪帶的魔法

於6月25日做準備並行使魔法。

製作可向靈習得知識之地毯的魔法

於滿月進入魔羯宮的期間內進行。

獲得靈所擁寶物的魔法

於7月10日至8月20日期間內符合相關條件之日進行。

受人喜好愛戀的魔法

月亮落在雙子宮且逐漸滿盈的期間內進行。

使詐欺得以成功的魔法

於金星日的1點至8點間進行。

魔法達人不須拘泥於這些規定，但初學者絕對要遵守。

尋回被盜物品的方法

The experiment for things stolen

《所羅門王之鑰》乃以相當特別的儀式說明如何尋回被盜物品、甚至於找出盜竊犯的魔法。

●從臉盆水面浮現的犯人容貌

根據《所羅門王之鑰》記載，取回失竊物品之方法如下：

首先按照一般儀式程序做好所有準備、踏入魔法圓，然後禱曰：「全能的主啊，請予憐憫。請主憑著廻的力量命令此間諸靈，找出盜賊，並指示何處可以尋回遭竊物品。」此時眾靈就會現身，接著就要命令道：「奉主之名而現身的諸靈啊，告訴我正在找尋的東西位在何處。」如此一來，眾靈就會告訴施術者遭竊物品在什麼地方。

尋找犯人的方法則是完全不同。首先要準備一個篩子。焚香1茶匙，以曾經用來執行絞刑的吊頸索將篩子懸空吊起，並且用鮮血在篩子外框的四個方位分別書寫特別記號。準備清潔的錫製臉盆，裝滿泉水。接著左手轉動懸在半空的篩子，同時右手則是取月桂樹嫩枝以相反方向攪動臉盆中的泉水；待臉盆內的水靜止下來，施術者就要停止轉動篩子，然後專心盯著水面，則盜竊者的面貌就會浮現在水面。此時若再持魔法劍去刺水面那張臉，則現實中盜賊的臉也會留下同樣的傷口，如此就更容易捉到犯人了。

《所羅門王之鑰》還另外介紹到了以下這個方法：拿一把剪刀將其中一片刀刃刺進篩子外框，然後由兩個人各自伸出大姆指的指甲抵住另一片刀刃的握柄。接著由其中一人將可能犯罪的嫌犯名單一一大聲唸出來，並唱誦：「以聖彼得與聖保羅之名，此人並非犯人」三次；唸到真正犯人名字的時候，篩子就會自動旋轉起來。

竊盜相關魔法

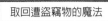

| 取回遭盜竊物的魔法 | ➡ | 使用魔法圓的尋常魔法。 |
| 找出犯人的魔法 | ➡ | 使用篩子的特殊魔法。 |

找出犯人的魔法

其一

要找到犯人必須準備這些道具：

吊頸索
篩子
月桂樹枝
泉水

篩子書寫特殊記號

程序

①	②	③	④
左手轉動篩子。	右手以相反方向攪動泉水。	待兩者停止旋轉，觀察水面。	犯人面貌浮現水面。

其二

先將剪刀的單刃刺進篩子。

○○○（嫌犯名）。以聖彼得與聖保羅之名，此人並非犯人。

程序

①	②	③
由兩人各自伸出大姆指的指甲抵住末刺進篩子裡那枚刀刃的握柄。	其中一人先說出嫌犯名，再大聲說出固定禱辭。	篩子唯有在唸到真正犯人的時候才會旋轉。

取得受靈看守之寶物的方法

How to get a treasure possessed by the Spirits

大地有種名為地精的靈雖然極為危險，但只要與其交好，就能命令他們並獲得隱藏於大地的寶物。

●操縱危險至極的地精

根據《所羅門王之鑰》記載，大地有許多精靈棲息，這些精靈喚作「地精」，每遇有人覬覦隱藏的財寶往往會將其人殺害，相當危險。不過如果能跟這些精靈交好，並以特殊方法命令彼等，他們也會很樂意地將寶物交出來，其方法如下：

7月10日至8月20日期間，選在月亮落在獅子宮的星期日、在日出以前前往召喚靈的場所。抵達後，以用來施行魔法的劍畫出一個夠大的魔法圓，並點燃適合當日的薰香，使香氛充滿該場所三次，然後穿起儀式專用服裝，掛起油燈。那油燈裡的油必須混合7月死亡的男性脂肪製成，而燈芯則必須以該男子下葬時穿的衣服製成。點起油燈以後，接著就要取以山羊皮製成的腰帶讓負責挖掘財寶的作業人員穿戴以為護身，再以先前提取脂肪的同一名男性死者的血在腰帶上書寫特殊記號。作業人員必須注意的是，無論何種妖怪出現都不得中斷、須得勇敢地繼續進行挖掘作業。倘若挖掘作業無法在一天之內完成，則必須以木材封住掘寶的洞口並以泥土覆蓋，然後隔天再繼續作業。作業進行期間，施術者則要隨時穿戴施魔法服裝與魔法劍。

地洞大致挖得差不多了，接著就要獻祈禱：「阿多奈、耶洛姆、埃爾。王中之王啊，請憐憫我，請垂賜恩惠予我。並請命令廻的天使與眾精靈，使我的工作得以成就。」

此時作業人員就會發現地洞中充滿了寶物，最後就要唱禱曰：「諸善靈啊，感謝汝等施予，請平靜地離去吧。阿門」，令諸靈速速退去。

地精看守的財寶

地精有時甚至能殺人，要小心喔。

隱藏的寶物由大地的精靈地精把守。

與地精交好並以特殊方法命令之，寶物便能到手。

地精　　　　　　　　　　寶物

取得寶物的方法

① 固定期間於目標場所繪製魔法圓。

② 三度以薰香充滿該空間。

③ 掛起特製油燈。

④ 以山羊皮腰帶替作業員護身。

書寫於腰帶上的符號

NOPA ⇒Ð〜o PADOUS

⑤ 勇敢地不停挖洞。

⑥ 洞挖得差不多以後，獻祈禱辭。

⑦ 寶物從洞裡滿出來。

隱藏的寶物就是這麼來的！

星陣圖暨其製作方法

About the Pentacles

所謂星陣圖就是指繪有特別印記形狀的徽章或紋章，出示星陣圖便能安全而且確實地使眾靈服從。

●星陣圖可以金屬或羊皮紙製作

　　星陣圖在《所羅門王之鑰》的魔法體系裡佔有很重要的地位；星陣圖類似於某種繪有特殊印記形狀的圓形徽章或紋章，出示星陣圖便能安全並且確實地強制諸靈服從施術者。《所羅門王之鑰》內載星陣圖種類繁多，各自分屬於七個行星（土星・木星・火星・太陽・金星・水星・月亮）。星陣圖全部共有44種，每個種類蘊藏的力量各異（請參照本書附錄P.216所羅門王星陣圖一覽）。

　　星陣圖可以用金屬製作，也可以用羊皮紙製成。

　　金屬材質星陣圖亦稱徽章，是以各自所屬行星之相關金屬製作；屬土星則為鉛，屬木星為錫，屬火星為鐵，屬太陽為金，屬金星為銅，屬水星為**合金**，屬月則為銀。徽章表面雕刻的印記顏色不拘，不過徽章必須是在對應於各行星的日時製作。

　　若屬羊皮紙材質，則星陣圖必須在屬水星的日時、月亮落在屬「**風**」或屬「**土**」的星座宮且月亮漸趨滿盈的期間製作方可。天氣則以清爽穩定之日為佳。首先準備不受打擾、專門用來製作星陣圖的特殊房間，在全新的羊皮紙上繪製印記圖形，墨水須視各星陣圖所屬行星選用，屬土星為黑、木星為天空藍、火星為紅、太陽為金色黃色或檸檬黃、金星為綠、水星為混合色、月亮為銀。

　　若情況許可，最好能在展開作業的（占星術意涵上的）同一個日子、同一個時刻完成星陣圖的製作。如果遭遇狀況使得製作作業非得中斷不可，也可以等到適當的日子、時刻再重新展開作業。

星陣圖的重要性

| 何謂星陣圖？ | 安全並且確實地使靈服從的道具。 |
| | 《所羅門王之鑰》的重要道具。 |

如何？

只須出示星陣圖，惡魔也並非無法操縱。

遵命！無論何事我等都會照辦。

鏘～

星陣圖

星陣圖有哪些不同種類？

《所羅門王之鑰》的星陣圖共有44種類，各自分屬於七個行星。每個行星都有規定的金屬材質與墨水顏色。

| 金屬星陣圖的材質 | 土星＝鉛。木星＝錫。火星＝鐵。太陽＝金。金星＝銅。水星＝合金。月＝銀 |
| 羊皮紙星陣圖的墨水顏色 | 土星＝黑。木星＝天空色。火星＝紅。太陽＝金色。金星＝綠色。水星＝混合色。月＝銀色 |

土星第1　木星第1　火星第1

此為其中一例。

太陽第1　金星第1　水星第1

■用語解說

●合金→通常水星乃對應於水銀，然純水銀乃屬液體，是故此處所謂合金或許是指水銀與其他金屬的合金。

●屬「風」或屬「土」的星座宮→占星術將十二宮（星座）按照四大元素劃分，屬「風」的有雙子宮‧天秤宮‧寶瓶宮，屬「土」的則是金牛宮‧處女宮‧魔羯宮。

星陣圖的聖別[*1]

The consecration of Pentacles

按照前述方法將星陣圖製作完成後，還必須繪製魔法圓、焚香薰蒸，替星陣圖進行聖別以後方可使其發揮魔法效果。

●以專用魔法圓薰蒸星陣圖

按照規定方法將星陣圖製作好以後，還必須使用專用魔法圓進行聖別，若非如此星陣圖將無法發揮效果。

替星陣圖進行聖別，首先必須在展開作業前準備土製大火盆、裝滿木炭，薰香方面則必須準備乳香[*2]、洋乳香[*3]（漆的一種）、蘆薈。

施術者本身必須保持純潔‧清潔自是毋須贅述。

待這些準備完成後，就要在製作星陣圖的同一個房間裡繪製魔法圓，不過此番必須用到鐮刀和短刀；先用鐮刀短刀畫出第一個圓，大圓裡面再另外畫個小圓，然後在兩個圓中間寫下神的名字。

接著將事先準備的火盆擺放在圓心、點燃木炭，焚燒乳香、洋乳香（漆的一種）、蘆薈作為薰香，然後以其香煙薰蒸星陣圖。

此時施術者要面向東方，一方面煙薰星陣圖，一方面唱誦《詩篇》的第8篇、第21篇、第27篇、第29篇、第32篇、第51篇、第72篇、第134篇。然後再獻祈禱曰：「最有力量的阿多奈啊，最強大的埃爾啊，最神聖的阿格拉啊，最正直的翁啊，最初與最終的א與ת啊。我等鄭重祈願，求廻以神聖的威嚴為這些星陣圖聖別，使其獲得堪與靈對抗之德與力。」

如此結束聖別以後，接著以事先準備的絲布將星陣圖包好保存，有需要時再取出使用，用完以後再以相同方法收藏保存。

星陣圖先施以聖別然後再使用

| 星陣圖的聖別 | → | 藉聖別使星陣圖得以發揮效果。 |

聖別須要準備這些東西：

火盆

木炭

蘆薈

乳香　洋乳香

用來為星陣圖施聖別的魔法圓（中央圖畫乃是火盆的位置）

如何為星陣圖施聖別

星陣圖乃以下列方法聖別：

① 以鐮刀・短刀畫出魔法圓。

魔法圓

② 將火盆置於魔法圓中央，焚燒香料。

木炭

乳香
洋乳香
蘆薈

火盆

③ 以香煙薰蒸星陣圖。

・施術者面向東方唱誦《詩篇》固定篇章及固定禱辭。

・薰蒸完畢後，以絲布包裹星陣圖保存。

■用語解說

●最初與最終的א與ת→希臘字母始自α（alpha）、終於Ω（omega）；希伯來語則是始自א（aleph）、終於ת（tav）。

魔法師的外套與鞋子

About the garments and shoes of the art

術師穿著的外套須是亞麻材質，若情況許可則以絲質為佳，另外鞋子除必須同樣是白色以外，還必須繡上與外套同樣的特殊刺繡。

●白色絲質外套與白皮鞋

關於術師的外套與鞋子，規定如下：

術師穿的外套大多都跟外套底下穿的衣服同樣屬於亞麻材質，然若情況許可則最好是以絲質為佳；如果選用亞麻材質，則必須使用由年輕處女紡成的亞麻線製成。另外外套前胸處尚須以紅絲繡上特殊符號。

至於鞋子也必須是白色的，還必須與外套同樣施以刺繡。鞋子或靴子材質為白色皮革，然後再繡上特殊的圖案。

這鞋必須是在斷食與節制的期間、亦即儀式展開前的九天準備期內製作；其他必須的道具也要在這段期間內準備並且保養好，弄得乾乾淨淨、一塵不染。

其次，魔法師還要製作全新的羊皮紙頭冠，並以魔法墨水、魔法筆於頭冠寫下四個名字，前方寫「YOD、HE、VAU、HE」，後方寫「ADONAI」、右寫「EL」、左寫「ELOHIM」。眾弟子也要按照相同方法製作頭冠，並以赤紅色墨水於頭冠書寫專用的神聖符號。

穿戴上述衣物時須得注意下列事項：首先須唱誦《詩篇》第15篇、第131篇、137篇、第117篇、第67篇、第68篇、第127篇。接著焚香將衣服薰過，然後以海索草*沾水潑灑。

術師與眾弟子在穿衣服的時候首先要朗誦詩篇，然後再唱禱專用咒文。

如果術師當外套穿的亞麻衣服是祭司用的服裝，甚至是曾經實際穿來執行神聖行事的衣服，則效果更佳。

---

* 海索草：請參照P.064注釋。

術師的外套鞋子與帽子

 術師的穿著打扮？

必須穿戴長袍、皮鞋、頭冠

 大概就是這種感覺。

頭冠
長袍
皮鞋・皮靴

外套・鞋子・帽子的規格

外套・鞋靴・頭冠須於儀式展開前的9天準備期間內按照下列指示製作：

① 長袍

長袍顏色為白。通常是亞麻材質，若情況許可則絲質會更理想。胸前以紅絲繡上如右圖形。

長袍的刺繡

② 皮鞋・皮靴

皮鞋皮靴顏色為白，以皮革材質製作。表面以紅絲繡上如右圖形。

鞋靴的刺繡

③ 頭冠

頭冠的形狀顏色並無特別規定。材質則選用羊皮紙製作。術師與弟子使用的頭冠須以紅色墨水寫上不同符號。

יהוה אדני אל אלהים

術師頭冠的符號

弟子頭冠的符號

87

魔法用短刀・矛・鐮刀

About the knife, sword, lance, sickle and other instruments

施行魔法使用的短刀還分成用於製作除了魔法圓以外所有道具的白柄短刀，以及專門用來製作魔法圓的黑柄短刀兩種。

●用來製作魔法道具的短刀亦須特別製作

製作魔法圓和印記等魔法道具時同樣也須要使用到各式各樣的道具，此處僅就其中的短刀略作說明。

短刀又分白柄短刀、黑柄短刀、短矛等種類。

白柄短刀須在屬水星日時，且火星落在白羊宮或天蠍宮的時候製作。首先在滿月之夜或月光愈發明亮的時候將短刀連同白色刀柄整支浸在鴕鳥幼雛鮮血與琉璃繁縷*¹汁液的混合液體中，然後刻上特殊的印形，並且以施魔法用薰香焙烤，最後以絲布包裹保存。這白柄短刀可用於製作魔法圓以外的所有用途，不過白柄短刀亦可以下列方法製作：首先製作相同形狀的短刀，三度將其投入烈炎燒得火紅，每次都要浸泡前述鮮血與汁液，然後將白色刀柄固定好、刻上特別的印形，接著薰香、灑聖水，最後用絲布包藏起來。

製作魔法圓則須使用黑柄短刀。其製作方法基本上與白柄短刀相同，只不過黑柄短刀須在屬土星的日時製作，浸泡的則是黑貓血與毒芹*²汁液。接著在表面刻下特殊印形，用黑色絲布包起來。

彎刀、鐮刀、短劍、匕首、短矛都是以相同方法製作。這些短刃須於屬水星日時製作，浸泡喜鵲*³血與水星藥草的汁液。握柄使用木頭材質，並須使用於太陽昇起時以全新短刀或適合道具一刀砍下的黃楊木*⁴樹枝製作。握柄須刻上特殊符號、薰香聖別*⁵，並且跟其他道具一樣以絲布包裹保存。

製作魔法道具所需刀具

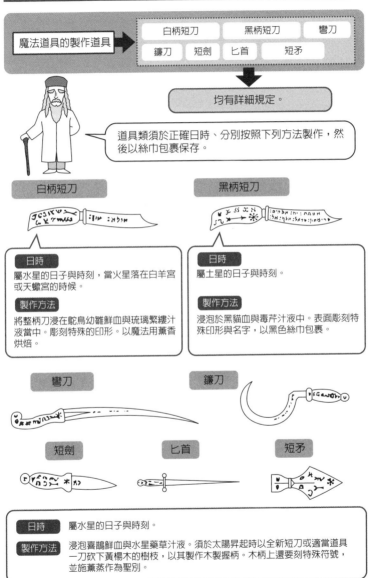

魔法道具的製作道具 ➡ 白柄短刀　　黑柄短刀　　彎刀

鎌刀　短劍　匕首　短矛

均有詳細規定。

道具類須於正確日時、分別按照下列方法製作，然後以絲巾包裹保存。

白柄短刀

日時
屬水星的日子與時刻，當火星落在白羊宮或天蠍宮的時候。

製作方法
將整柄刀浸在鴕鳥幼雛鮮血與琉璃繁縷汁液當中。彫刻特殊的印形。以魔法用薰香烘焙。

黑柄短刀

日時
屬土星的日子與時刻。

製作方法
浸泡於黑貓血與毒芹汁液中。表面彫刻特殊印形與名字，以黑色絲巾包裹。

彎刀

鎌刀

短劍

匕首

短矛

日時
屬水星的日子與時刻。

製作方法
浸泡喜鵲鮮血與水星藥草汁液。須於太陽昇起時以全新短刀或適當道具一刀砍下黃楊木的樹枝，以其製作木製握柄。木柄上還要刻特殊符號，並施薰蒸作為聖別。

魔法棒・魔法杖・魔法劍

About the sword, wand, staff

魔法棒使用接骨木[*1]、唐木[*2]、黃檀木[*3]木材；魔法杖多以榛樹樹枝製作；魔法劍則是要彫刻神名、以聖水薰香等物施以聖別[*4]。

●接骨木魔法棒、榛木魔法杖

魔法儀式中使用相當頻繁的魔法棒、魔法杖、魔法劍按照規定必須以下列方法製作：

魔法棒材質可選用接骨木、唐木、黃檀木，魔法杖則是要以榛樹樹枝製作，兩者均須選用從未結過果實的新樹。此外採擷其樹枝時，必須要在星期三日出的時候一刀將樹枝砍下，並且刻上與水星日時相對應的符號。

完成上述作業後，接著要唱道：「神聖的阿多奈啊，請祝福並聖別這棒與杖。祈請它能因祢的力量得到必要的德。」

待薰蒸完畢過後，再將其保存於清潔的場所。

魔法劍的製作方法則是有下列規定：

準備一把新的劍，於屬水星該日的第1個小時或第15個小時執此劍，將其打磨乾淨。其後於劍的一面刻寫希伯來語的神的名字：「YOD HE VAU HE, ADONAI, EHEIEH, YAYAI」，另一面則是刻上：「ELOHIM GIBOR」。

接著以聖水揮灑於劍，焚香唱誦以下咒文：

「噢噢，劍啊。我召喚你。以亞布哈克、亞布拉克、驅病符[*5]、耶和華之名。好讓你能在所有魔法儀式中，給我力量，保護我免於眼睛看得見與看不見的敵人加害。」

如此施以適當的淨化與聖別以後，就可以比照其他道具，把劍以絹布包裹收藏起來。

此外為保護三名弟子的安全，還必須以相同的方法製作三柄弟子專用的魔法劍。

魔法棒‧魔法杖‧魔法劍

棒　　杖　　劍

魔法棒‧魔法杖‧魔法劍的製作方法均有詳細的規定。

魔法棒‧魔法杖‧魔法劍的製作方法

魔法棒

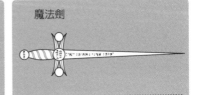

魔法杖

魔法劍

魔法棒	使用接骨木‧唐木‧黃檀木材。
魔法杖	使用榛樹樹枝。

魔法劍 準備全新的劍。

於星期三日出時一刀砍下木材。 | 於屬水星之日磨礪清潔劍身。

於屬水星之日時篆刻符號。 | 於劍刃兩面篆刻特定文字。

唱誦咒文。

神聖的阿多奈啊，請祝福並聖別這棒與杖。祈請它能因祢的力量得到必要的德。

灑聖水，唱咒文。

噢噢，劍啊。我召喚你。請你在所有魔法儀式中，給我力量，保護我免於眼睛看得見與看不見的敵人加害。

最後施以薰蒸，收藏起來。 | 以絹布裹起、收藏起來。

香・香料・薰煙

About incense, fumigation, perfumes, odours

關於魔法儀式所用的香、香味、薰煙等，原則上好的香味是要獻給良善的靈，而令人不愉快的味道則是獻給邪惡的靈。

●香味能召來善靈

魔法儀式裡面經常會使用各種香、味道、薰煙等來呼喚或者驅趕靈。其基本原則非常單純，那便是好的味道獻給良善的靈，不愉快的味道則是獻給邪惡的靈。

散發好聞香味的香料，是混合乾燥的蘆薈、肉豆蔻*¹、垂榕*²、麝香等物製作。燃燒以上述材料製作的香料，散發的芳香便能召來善靈、驅走惡靈。

製作這種香料時還要唱誦咒文曰：

「亞伯拉罕*³的、以撒*⁴的、雅各*⁵的神啊。請讓這個香擁有召來良善靈、驅趕邪惡靈的力與德。不潔的靈啊。我以神之名驅趕你們。躲避這個香、逃跑吧。以神麾下眾精靈之恩賜，祈使此香的使用者能獲得守護與神德，並使邪惡的靈與亡靈不得接近。主啊。請賜予祝福以及聖別*⁶，好讓這神聖的香能使人的靈魂與肉體都得到健康，好讓蒙受此香煙與香味者均得到靈魂與肉體的健康。」

禱誦完畢以後，將各種香料灑上聖水、用絲布包起來，收好備用。想要使用的時候便將香取出，放進火盆點燃。點燃火盆後、投入香料之前，如下唱誦：

「火的受造物啊。我為你聖別。好讓一切虛偽對你退避。並使他們無力行傷害、行欺騙。萬能的主啊。請祝福這火所生之物，讓使用它的人不至有靈。」

然後就可以用爐火薰焙各種香料，散發出想要的香味。

香味與善靈惡靈

| 薰香・香煙・香味 | ➡ | 能召喚靈，也能驅趕靈。 |

好的味道 ➡ 獻給善良的靈。

不好的味道 ➡ 獻給邪惡的靈。

香的製作方法・使用方法

味道芬芳的香之製作方法・使用方法如下：

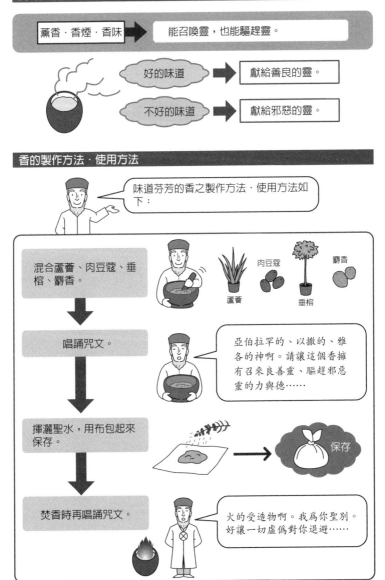

混合蘆薈、肉豆蔻、垂榕、麝香。

肉豆蔻　麝香　蘆薈　垂榕

唱誦咒文。

亞伯拉罕的、以撒的、雅各的神啊。請讓這個香擁有召來良善靈、驅趕邪惡靈的力與德……

揮灑聖水，用布包起來保存。

保存

焚香時再唱誦咒文。

火的受造物啊。我為你聖別。好讓一切虛偽對你退避……

水與海索草*¹

About the water and the hyssop

執行魔法儀式途中經常要灑聖水，而聖水也有正確的製作方法，至於灑聖水用的灑水器則是以海索草的樹枝最為常用。

● 聖水與灑水器的製作方法

《所羅門王之鑰》的魔法在許多儀式中都有揮灑魔法水的作業，如此一來自然就要準備魔法水與灑水器，其製作方法如下：

製作魔法水，首先必須選定屬於水星的日子與時刻、準備薰香與香爐。接著再準備黃銅、鉛或者土製的任一材質器皿，裝滿清澈的湧泉，手中握著鹽巴唱誦：「礼包特、彌賽亞、以馬內利*²、埃洛希姆・基勃*³、耶和華。創造真實與生命的神啊，請祝福聖別*⁴這把鹽，並請對接下來要執行的法術賜予幫助與保護。」

然後將鹽巴投入裝水的器皿中，唱誦《詩篇》第102篇、第54篇、第6篇、第67篇。如此一來，施魔法所需的魔法水（聖水）便告完成。

再來則是要接著製作灑水器。

此處所謂灑水器就是種將植物的莖或枝葉綁成束、沾水揮灑的裝置。

製作灑水器的材料，使用的是馬鞭草、茴香、薰衣草、鼠尾草、繼草*⁵、羅勒、迷迭香、**海索草**等香草類植物。施術者必須於屬水星的日時、且月亮漸趨滿盈的時期採集上述香草，然後用處女紡製的繩線將其綁成束、加裝握柄，並於握柄兩側刻上特殊的符號。

聖水與灑水器製作完成後，施術者便可視須要隨時灑魔法水驅趕眾亡靈，再也不用受到亡靈阻撓、為其所惱。而且，這個魔法水在魔法的每個準備階段其實都用得到。

施魔法用的水與灑水器

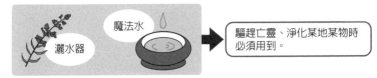

魔法水

灑水器

→ 驅趕亡靈、淨化某地某物時必須用到。

魔法水（聖水）的製作方法

① 於屬水星的日時焚香。

↓

② 取器皿裝滿清冽的湧泉。

↓

③ 唱誦咒文，於器皿中撒鹽。

↓

④ 唱誦《詩篇》，大功告成。

魔法水要這般製作：

鹽巴

水

焚香

灑水器的製作方法

① 於屬水星的日時採集香草。

海索草、馬鞭草、薰衣草等。

↓

② 取處女紡製的繩線將香草綁成束，裝上握柄。

↓

③ 於握柄兩側篆刻特殊符號，便告完成。

灑水器要這般製作：

海索草

薰衣草

馬鞭草

 特別符號

用語解說

●**海索草**→似乎是效果頗佳的灑水器材料，甚至《所羅門王之鑰》還直接以「海索草」來指稱灑水器。舊約聖經〈出埃及記〉裡摩西便曾經用過此物。

筆和墨水

About the pen, ink and colours

施行魔法所使用的筆墨等筆記用具同樣必須按照規定的方法製作，而且不但必須施以聖別＊，還要確實保管方可。

● 大白鵝、燕子、烏鴉羽毛筆與墨水

製作魔法道具時同樣必須用到筆墨等筆記用具，其製作方法如下：

製筆首先必須找隻大白鵝的雄雛，拔下從右翼數來的第三根羽毛。此時還要唱誦「阿多奈、赫弗里、塔馬依、提洛納斯、亞達瑪斯、奇亞諾、阿多奈啊。爲這筆消去僞誤吧。請賜予必須的神德與效用，好讓我書寫所想。阿門。」摘下羽毛以後，接著持魔法專用削筆小刀將羽毛削尖、噴香水灑聖水，然後包在絲布裡保存起來。

其次則是要以泥土或適當材料製作印台。這印台必須在屬木星的日時以雕刻刀篆刻神聖的名字，補充墨水時還要一面唱誦咒文。

施魔法有時必須以高貴的顏色進行書寫，這些顏色的墨水最好放在清潔的新盒子裡保存。主要使用的顏色有黃色、金色、紅色、天空色或深碧青色、綠色、茶色，以及其他可能要用到的顏色。這些墨水必須按照常法事先施以驅魔、灑香水、灑聖水等儀式備用。

製作燕子和烏鴉的羽毛筆，拔羽毛前要向眾天使獻祈禱：「大天使米迦勒，以及天界軍團長暨指揮者，米靶爾與米拉爾啊。助我從事將要執行的儀式，好讓將要開始的試練得以因汝等的力量得到完成。阿門。」接著拿魔法專用小刀將羽毛削尖做筆，然後在燕毛筆、鴉毛筆的側面以筆墨寫上特殊文字「ANAIRETON」。然後唱誦《詩篇》的第133篇、117篇，至此燕子和烏鴉的羽毛筆便告完成。

魔法專用筆記用具

魔法的筆記用具 ➡ 羽毛筆、墨水等。

全部都要使用特製品。

羽毛筆‧墨水‧印台的規定

施魔法使用的筆記用具有下列規定：

大白鵝的羽毛筆

以大白鵝雄雛右翼的第3根羽毛製作。拔羽毛時要唱誦咒文。

印台

以適當材料製作。於屬木星的日時取彫刻刀鏨刻下列的神聖名字：

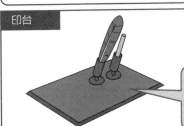

刻在印台上的神聖名字

יהוה: מששרון: יה: יה: יה: קדוש:
אלהים צבאות:

墨水

驅魔、灑香水、灑聖水。

燕子‧烏鴉的羽毛筆

於筆軸書寫下列特殊文字：

אנאירטון:

97

羊皮紙相關知識與蘆葦刀

About virgin parchment and reed knives

魔法使用的羊皮紙必須取自特定動物，而製作羊皮紙所須之蘆葦刀亦有規定的製作方法。

●羊皮紙和獸皮紙

魔法儀式在製作星陣圖與各種印記、書寫神名的時候，都要用到特製的羊皮紙（或獸皮紙）。

只有全新、清潔、經過驅魔且未經使用過的全新處女羊皮紙才能拿來施魔法。

至於用來製成羊皮紙的皮料，只能以難產而死的羊羔、未達生殖年齡的動物或者尚未出產前便從母親體內取出的動物，剝皮使用。

無論選用何種材料，羊皮紙必須在屬水星的日時、剝雄性動物獸皮製作，而且還要在任誰也無法發現的祕密場所進行作業。

●蘆葦刀

做羊皮紙要用到蘆葦刀，這蘆葦刀必須事先製作，作法如下。以魔法專用的全新短刀一擊砍下沼澤地的蘆葦，取其葉並唱誦蘆葦的咒文：「我謹祈願。以萬物的創造者，以天使之王伊勒沙代*之名，讓這蘆葦得到力與德，好製作書寫神聖神名的羊皮紙。並使羊皮紙獲得神德、使我術業獲得力量。阿門。」

接著唱誦《詩篇》第72篇，然後用魔法專用短刀把蘆葦加工成刀子的形狀，寫上特別的名字（AGLA、ADONAI、ELOHI），唱咒道：「從蘆葦叢生的尼羅河畔將仍是孩子的摩西拯救出來的神啊。以廻的大憐憫與關懷，使這蘆葦獲得足堪達成我願望的德與力。」

蘆葦刀做好以後，就可以開始製作羊皮紙了。

---

* 伊勒沙代（El Shaddai）：字根來自西北閃語的埃爾神（El），沙代在西北閃語中是一座位在幼發拉底河邊聖山的名稱。舊約聖經中使用伊勒沙代的名稱來稱呼神，多半與亞伯拉罕家族有關。

羊皮紙（或獸皮紙）

羊皮紙或獸皮紙 ➡ 用於製作星陣圖、書寫印記和神名。

能用的羊皮紙是有條件的唷。

條件 ➡ 處女羊皮紙

從難產死的羊羔、未達生殖年齡的幼獸、出產前從母親體內取出的動物身上剝下的獸皮。

蘆葦刀

蘆葦刀 ➡ 製作羊皮紙的必要道具。

製作方法

蘆葦刀要事先準備好。

以短刀將沼澤蘆葦一刀砍下。

⬇

取下蘆葦葉，唱誦蘆葦的咒文。

⬇

加工成刀的形狀，書寫特別的名字。

在蘆葦刀上面書寫特殊符號：

⬇

完成

羊皮紙的製作

How to prepare virgin parchment

製作羊皮紙必須一面唱誦咒文、一面以蘆葦刀剝取獸皮，先替獸皮抹鹽然後再浸石灰等，製造工程甚是繁複。

●以蘆葦刀剝皮加工

魔法用羊皮紙之製作方法如下：

首先持蘆葦刀，一面唱誦咒文一面剝獸皮：「阿多奈、沙代、泰特拉格拉瑪頓，以及神的聖天使啊。請出現，賜此羊皮紙以力與德，並為之聖別＊。阿門。」

獸皮剝下來以後，捉起鹽巴唱道：「神中之神啊，請為這個鹽祝福、聖別，使這羊皮紙因鹽巴之力獲得神德。阿門。」

獸皮用聖別過的鹽巴抹上，曬上整整一天。

其後，準備一只內外均塗有釉藥的土器，於其外圍書寫特別的文字。取石灰粉倒進該土器中，唱誦曰：「歐羅、札龍、再農啊……請現身為此術業祝福，使願望得償。阿門。」

取施過聖別的水注入裝有石灰的土器，浸泡獸皮。三天後將獸皮取出，用蘆葦刀把獸皮上的石灰和肉塊削下來。

截下一支榛樹樹枝，做成長度適中、剛好可以用來畫魔法圓的木杖。接著再取處女紡製的繩線和溪中的小石子，如此唱誦道：「神聖而充滿力量的阿多奈啊。請賜神德與這些小石子，好讓羊皮紙能充分地拉伸，好讓虛偽都能驅除。」

把羊皮紙鋪在魔法圓上方用繩子和小石子固定好，然後唱誦：「阿格拉、耶和華、伊阿、以馬內利啊。請祝福、守護這羊皮紙，使虛幻不致進入。」

接著就此將羊皮紙蔭乾三天。

然後再持魔法專用小刀將繩子和小石子取下，將羊皮紙從魔法圓內取出，唱誦：「安透、安寇、塔羅斯啊，請守護這羊皮紙。」

最後取羊皮紙施以薰蒸，用絲布包起來備用。

羊皮紙的製作方法

| 羊皮紙 | ➡ 自己剝取獸皮，從頭製作。 |

羊皮紙是這樣做的：

製作方法

① 以蘆葦刀剝取獸皮。

② 以聖別過的鹽巴塗抹獸皮，日曬一整天。

抹鹽

③ 取土器注入石灰與水，將獸皮浸泡三日。

石灰
水

④ 取出獸皮，將附於其上的石灰削落。

請祝福並守護這羊皮紙。

⑤ 製作魔法圓，祝福羊皮紙。

⑥ 陰乾三天後施以薰蒸，完成。

⑦ 完成後以絲布包裹保存。

保存

儀式中所用魔法書之聖別[*]

About the consecration of the magical book

儀式所用魔導書以自己親筆抄寫的抄本最具效果，須得自行製作羊皮紙魔法書、自行施以聖別。

●儀式所用魔導書以親手製作的手抄本為最佳

魔法儀式使用的魔導書以自己親手抄寫製作的手抄本最具效果。舉例來說，即便已經持有印刷版的魔法書，也應該自行抄寫其中的必要部分，以該手抄本施行魔法為佳。是故，施術者必須自行製作抄本並施以聖別，將其製成可供儀式使用的魔導書。其方法如下：

首先，以處女羊皮紙製作共16頁的書冊。祝禱辭、神與靈的名字、印記與符號全都要用紅色墨水書寫。

魔法書做好以後，於特定場所擺張小桌子、以白布覆蓋。將魔法書翻到繪有星陣圖該頁，置於桌面；星陣圖必須畫在這本書的第一頁。接著點燃懸掛於桌面中央正上方的吊燈，並拉起布簾圍住桌子四周。

接下來就要進行魔法書的聖別儀式。施術者身穿魔法專用服裝、手持魔法書，跪地唱誦《所羅門王之鑰》第1書第16章的下列禱辭：「阿多奈、埃洛希姆。存在者中的存在者啊，請予垂憐。」接著焚燒與該日所屬行星相符之薰香，將書放回桌面。以上是魔法書聖別儀式的一日流程，儀式進行期間吊燈不得熄滅，周圍布簾亦不得拉開。

為使魔法書製作完成，必須從週六開始連續七天執行相同儀式，其間無論晝夜吊燈均不得熄滅。儀式全數完成後闔上魔法書，收進為此特別製作的桌子底下的小抽屜裡。待到要使用魔導書的時候，必須先穿上魔法用服裝、跪地獻禱，方可使用。

儀式用魔法書

儀式所用魔法書 ➡ 以親手抄寫的手抄本最具效果。

即便已經持有印刷版，最好還是將必要部分重新抄寫一遍。

印刷本　　　　手抄本

儀式用手抄本之製作方法

抄本應如下製作、施聖別：

以處女羊皮紙製作共16頁的書冊。

祝禱辭、神與靈的名字、印記與符號全都要用紅色墨水書寫。

星陣圖該頁朝上，置於鋪著白布的桌面。

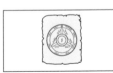

從週六起連續七天執行魔法書的聖別儀式，然後將魔法書保存收好。

祭品及其準備

About sacrifices to the spirits and how to make them

未交尾[*1]的獸肉、鳥或四足獸的鮮血、白色動物獻給善靈黑色動物獻給惡靈……談到祭品，相關規則可謂是形形色色數不勝數。

●血・肉・火炎・飲食的祭品相關規矩

執行魔法儀式途中不得不向諸靈獻祭品時，必須遵從此處記載的事項。

獻祭品的方法可謂五花八門，有時會以白色動物獻給善靈、黑色動物獻給惡靈；有時以鮮血為祭，有時則以肉為祭。不過無論如何，獻作犧牲的都非得是從未交尾過的動物不可。其次，若以鮮血為祭，則鮮血必須取自於四足獸或者鳥類。又，獻祭品前必須如下唱誦曰：「極尊貴、高貴的存在啊。請接納我等的祭品，歡喜並且順從。」然後再為祭品施薰香、灑聖水。

有時候施術者會以「火炎」為祭品獻靈，此時則必須選擇與召喚對象相符相應的木材焚燒才是。土星之靈為檜樹或松樹，木星之靈則為黃楊木[*2]或橡樹，火星之靈為山茱萸或喜馬拉雅雪松，太陽之靈為月桂樹，金星之靈為香桃木[*3]，水星之靈為榛樹，月亮之靈則為柳樹。

若以飲食為祭品，則必須在進入魔法圓之前將一切準備停當。肉要先用清潔質地良好的布裹起來，舖開清潔的白布將肉擺在上面，旁邊再添上新烤好的麵包和氣泡酒。雞肉、鴨肉、鴿肉等肉類須以火烤。尤其要注意的是，一定要準備個器皿盛裝清冽的泉水。然後在踏入魔法圓之前，先呼喚諸靈抑或諸靈之首的適當名字，如下說道：「受召前來此饗宴的諸靈啊，無論你現在何處，快快前來接受我等的祭品吧。」

接著焚香使香煙充滿整個房間、在祭品上灑聖水，然後不斷唱誦咒文直到眾靈出現為止。

各種祭品

| 獻給靈的祭品 | ➡ | 動物・血・肉・火・飲食等各種祭品。 |

獻祭品的規則

獻祭品給靈有許多細節規定，要注意！

肉

必須取自未交尾的動物。

血

必須取自四足獸或鳥類。

炎

須選擇適合召喚靈之木材燃燒。

土星之靈	檜樹或松樹		金星之靈	香桃木
木星之靈	黃楊木或橡樹		水星之靈	榛樹
火星之靈	山茱萸或喜馬拉雅雪松		月亮之靈	柳樹
太陽之靈	月桂樹			

飲食

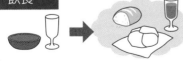

肉要先用清潔質地良好的布包起，擺在鋪展開的清潔白布上，旁邊再添上新烤的麵包和氣泡酒……等。

白與黑‧高等與低等

現在經常會以「白魔法與黑魔法」或「高等魔法與低等魔法」來區分魔法。這些區分究竟有何意涵呢？

所謂「白魔法與黑魔法」，其實差不多就是「好的魔法」和「惡的魔法」的意思。所謂「好的魔法」就是指出於良善目的之魔法、為自己帶來好結果的魔法、與良善的靈（如天使）打交道的魔法。反之，惡的魔法自然就是黑魔法了。

像這樣將魔法分成善惡兩種的習慣，可以說是早自中世歐洲便已經存在。這其實是因為中世歐洲將探究上帝創造自然萬物奧祕的魔法稱作自然魔法，就連基督教會都不予禁止，召喚惡魔或死者亡靈的降靈術（Necromancy）則被視為邪惡的魔法。換句話說，這便是中世歐洲所謂的白魔法與黑魔法了。話雖如此，亦有見解認為白魔法黑魔法這種區別嚴格來說並無意義，因為兩者都是要與靈打交道，基本概念都是相同的。

「高等魔法與低等魔法」這個粗糙的二分法情況其實也差不多。高等魔法英語作「high magic」、「transcendental magic」等說法，是泛指神祕主義式的魔法。所謂神祕主義，就是指透過各種修行等手段提高自我存在、以圖與神合一的思想，此思想可見於諾斯替教[*1]與赫密斯主義[*2]。東洋的瑜伽亦屬此類。低等魔法英語作「low magic」、「earth magic」等說法，就是以獲得財寶或女性愛慕等以凡俗目的而行使的魔法。

如果按照這樣的分類看來，則本書所介紹魔導書裡面的魔法似乎該算是低等魔法範疇，但其實卻也不可就此認定。因為魔導書作何用途，最終還是要取決於使用魔導書的魔法師本身。譬如鼎鼎有名的《所羅門王之鑰》便記載有獲得財寶的方法，光從這點來說它可以算是低等魔法，可是其魔法卻同樣也可以使用在其他目的上。近代魔法師的代表性人物伊利法斯‧利未之所以將《所羅門王之鑰》視為高等魔法書，便可謂是因此。就這點而言，則魔法跟賢者之石也是相同的。賢者之石既可以拿來獲得巨富，也可以用來使自己趨近神明；換句話說，無論是魔法或者是賢者之石，其高等或者低等都要視使用者而異。

「白魔法與黑魔法」、「高等魔法與低等魔法」雖然是就魔法進行區分時相當方便的用語，可是都並不嚴謹。

第 3 章
著名的魔導書

魔導書的全盛時期

The Great Age of Grimoires

文藝復興時期，古代魔法思想再起興盛、連帶使民間的儀式魔法亦大大得到活化，進入大量魔導書受到創作、受到閱讀的時代。

●受文藝復興刺激而興起的魔導書風潮

14～16世紀文藝復興時期，歐洲有名爲新柏拉圖主義*1的古代魔法思想流行。他們認爲天上有眾多精靈存在，宇宙是個有生命的有機統一體，能夠對宇宙的各個角落造成神祕學形式的影響。是故，所有魔法活動在該時代看起來都恍如眞實，甚至連召喚亡靈之流的民間儀式魔法都被認爲是極有可能的事情。是以，後來才有魔導書的陸續問世。

舉例來說，神祕學家阿古利巴*2著作魔法書《細說神祕哲學》，全書共三卷，豈料阿古利巴死後不久立刻就有魔導書《細說神祕哲學 第四書》問世。這部魔導書寫的是七行星居住的天使與惡魔的名字、特徵以及召喚方法等，作者仍舊冠的是阿古利巴的名字，是以極受矚目。同一時期以奧林匹亞七精靈爲主題的《遠古魔法阿巴忒爾》、傳爲阿巴諾的彼得所著之《魔法要素》等，也都算是搭上了《細說神祕哲學》順風車的魔導書作品。

此時期亦有許多是以原本就極受歡迎的《所羅門王之鑰》爲前提所著作的魔導書作品，其中最著名的非《雷蒙蓋頓》（《所羅門王的小鑰匙》）莫屬。此魔導書除記載72位主要惡魔各自名字、模樣、階級、能力等資料的清單以外，同時還記載有如何召喚並號令這些惡魔的咒文。其他像因爲記載極殘酷活祭儀式而被視爲不祥之書的《教皇洪諾留的魔導書》、對一般大眾造成莫大影響的《大奧義書》等，也都是屬於《所羅門王之鑰》系列的著名魔導書。

文藝復興以後各種形形色色的魔導書相繼問世，今日所知眾多著名魔導書至此方告全數到齊。

文藝復興與魔導書

14～16世紀

文藝復興魔法流行

民間的儀式魔法得到活化

創作出大量的魔導書。

文藝復興時期有魔法大流行等因素，使致大量魔導書創作問世。

著名的魔導書

題名	概要
《細說神祕哲學 第四書》	號稱《細說神祕哲學》續集的魔導書。
《魔法要素》	傳為阿巴諾的彼得作品的魔導書。
《遠古魔法阿巴忒爾》	講述奧林匹亞七精靈的魔導書。
《所羅門王之鑰》	最著名、最受喜愛的魔導書。
《小阿爾伯特》	記載光榮之手製作方法的魔導書。
《教皇洪諾留的魔導書》	冠有13世紀羅馬教皇名號的魔導書。
《大奧義書》	對一般大眾造成廣大影響的魔導書。
《黑母雞》	頗受寶藏獵人喜愛的魔導書。
《真正奧義書》	傳為埃及人阿里貝所著黑魔法書。
《聖西普里安之魔導書》	受北歐地區寶藏獵人喜愛的魔導書。
《摩西第六書、第七書》	傳為英雄摩西所著，於德國頗受歡迎的魔導書。
《地獄的三重脅迫》	據傳由傳奇人物浮士德博士著作的魔導書。

《雷蒙蓋頓》（所羅門王的小鑰匙）

Lemegeton, or The Lesser Key of Solomon the King

以召喚所羅門王72惡魔而聞名的魔導書，全書共分五部，其中也記載到如何操縱天空31精靈和黃道十二宮眾天使的方法。

●源自所羅門王的五部魔導書

《雷蒙蓋頓》便是別名《所羅門王的小鑰匙》的魔導書。此書在眾多魔導書當中特別有名，是因為它詳細地說明了地獄王國當中職屬高等位階的72個靈，也就是鼎鼎大名的所羅門王72惡魔的地位、能力與召喚方法等。

不過，這本書解說的並不僅止於所羅門王的72惡魔而已。《雷蒙蓋頓》乃由以下的五個部分構成：

第一部〈哥耶提雅〉。此即用於操縱著名的所羅門王72惡魔的魔法之書。

第二部〈召魔之書〉。操縱亦善亦惡的天空31精靈的魔法之書。

第三部〈保羅之書〉。操縱司掌時間與黃道十二宮眾天使的魔法之書。

第四部〈降神之書〉。利用阿爾馬岱白蠟板以操縱天空東南西北各方位眾天使的魔法之書。

第五部〈聖導之書〉。匯集了傳說中上帝傳授所羅門王的各種禱辭與咒文。

這五部書原是各自獨立的篇章，而且似乎早在《雷蒙蓋頓》問世以前便已經存在。好比〈降神之書〉早在14世紀便已經存在，至於介紹地獄惡魔軍團的〈哥耶提耶〉也在16世紀便已經有類似的書存在。

這五部原以各自獨立的形式存在、源自所羅門王傳說的書便是如此匯集成一部作品，然後才在17世紀的法國被創作成名為《雷蒙蓋頓》的魔導書。

何謂《雷蒙蓋頓》

 《雷蒙蓋頓》 ➡ 因為記載所羅門王72惡魔而聞名的魔導書。

別名 ＝

《所羅門王的小鑰匙》

《雷蒙蓋頓》之結構

 《雷蒙蓋頓》是共由五個部分構成的魔導書，內容介紹的並不光只是所羅門王的72惡魔而已。

第1部　〈哥耶提雅〉

除所羅門王72惡魔之地位‧職務‧能力相關詳細說明以外，還記載召喚72惡魔之魔法圓製作方法、號令各惡魔所須印記、咒文等。

第2部　〈召魔之書〉

操縱基本方位之靈以及地獄之靈等亦善亦惡諸靈的魔法之書。

第3部　〈保羅之書〉

操縱晝夜時間天使以及黃道十二宮天使等諸靈的魔法之書。

第4部　〈降神之書〉

記載各種護符的製作方法、如何操縱天空四位高等精靈等內容的魔法之書。

第5部　〈聖導之書〉

傳說中所羅門王實際使用過的禱辭的匯集。

〈哥耶提雅〉

Ars Goetia

〈哥耶提雅〉乃針對於地獄王國當中擁有高等職銜的所羅門王72惡魔，就其地位、能力、召喚方法等有詳細描述並因而聞名的魔導書。

●召喚所羅門王72惡魔的魔導書

《雷蒙蓋頓》（《所羅門王的小鑰匙》）第一部〈哥耶提雅〉即便在所有魔導書當中亦可稱得上是最著名的一部。〈哥耶提雅〉解說的是所羅門王72惡魔的召喚方法，並且記載有召喚惡魔所須之魔法圓、星陣圖及咒文等內容。同時，書中還對君臨地獄王國的72位高等惡魔之地位、印記、身體特徵等都有詳細的介紹。

所羅門王乃以曾經號令惡魔而為世所知，然而根據〈哥耶提雅〉記載，所羅門王最後曾經將72惡魔及其麾下惡魔軍團全數封印在一只黃銅材質的銅壺裡，並沉入極深的湖底。豈料許久以後巴比倫人發現了這只銅壺，他們以為其中藏有寶物故而揭開了壺蓋，而其中的72惡魔與惡魔軍團自然也就重獲自由，各自回到了從前的所在地；於是乎，召喚這些重返地獄的眾惡魔以實現自身願望的魔法後來也才被寫成了〈哥耶提雅〉。

介紹地獄惡魔王國詳細組織的〈哥耶提雅〉同類型書籍，似乎早在16世紀便已經存在。舉例來說，文藝復興時期的荷蘭籍醫師約翰·韋爾（1515～1588年）所著《惡魔的偽王國》（1577年）便對率領眾多軍團的69位重要惡魔有所解說，其內容與〈哥耶提雅〉非常類似；而且，相傳韋爾是根據某份資料寫成《惡魔的偽王國》，那份資料也有可能就是〈哥耶提雅〉。是故，《雷蒙蓋頓》可謂是以16世紀便頗為人知的〈哥耶提雅〉為中心，然後再加上其他獨立的魔導書而於17世紀創作問世的作品。

〈哥耶提雅〉與所羅門王72惡魔

《雷蒙蓋頓》第1部
〈哥耶提雅〉

詳細記載所羅門王72惡魔之容貌、職役與召喚方法。

●所羅門王72惡魔之名號與職役

1	巴耶力	王
2	阿加雷斯	公爵
3	瓦沙克	王子
4	薩密基那	侯爵
5	瑪巴斯	長官
6	華利佛	公爵
7	亞蒙	侯爵
8	巴巴妥司	公爵
9	派蒙	王
10	布耶爾	長官
11	古辛	公爵
12	西迪	王子
13	貝雷特	王
14	勒萊耶	侯爵
15	埃力格	公爵
16	桀派	公爵
17	波提斯	伯爵/長官
18	巴欽	公爵
19	塞羅斯	公爵
20	普爾森	王
21	摩拉克斯	伯爵/長官
22	因波斯	伯爵/王子
23	艾姆	公爵
24	納貝流士	侯爵
25	格剌希亞拉波斯	伯爵/長官
26	布涅	公爵
27	羅諾威	侯爵/伯爵
28	比利土	公爵
29	亞斯她錄	公爵
30	佛鈕司	侯爵
31	佛拉斯	長官
32	阿斯瑪代	王
33	慨布	王子/長官
34	弗爾弗爾	伯爵
35	馬可西斯	侯爵
36	斯托剌	王子

37	菲涅克斯	侯爵
38	哈法斯	伯爵
39	瑪法斯	長官
40	勞姆	伯爵
41	佛爾卡洛	公爵
42	威沛	公爵
43	斯伯諾克	侯爵
44	沙克斯	侯爵
45	拜恩	王/伯爵
46	比夫龍	伯爵
47	烏瓦	公爵
48	海艮地	長官
49	克羅賽	公爵
50	弗爾卡斯	騎士
51	巴拉姆	王
52	安洛先	公爵
53	卡繆爾	長官
54	姆爾姆爾	公爵/伯爵
55	歐若博司	王子
56	格莫瑞	公爵
57	歐賽	長官
58	亞米	長官
59	歐里亞斯	侯爵
60	瓦布拉	公爵
61	撒共	王/長官
62	沃勞克	長官
63	安托士	侯爵
64	霍雷斯	公爵
65	安德雷斐斯	侯爵
66	錫蒙斯	侯爵
67	安度西亞斯	公爵
68	彼列	王
69	單卡拉比	侯爵
70	系爾	王子
71	但他林	公爵
72	安杜馬利烏士	伯爵

所羅門王的魔法圓

The magical circle and triangle of Solomon

所羅門王的魔法圓乃由保護施術者不受惡魔侵襲的直徑9英呎圓形，以及召喚惡魔出現於其中以禁錮之的正三角形所構成。

●召喚惡魔的最著名魔法圓

　　魔法圓可謂是形形色色千百種，不過《雷蒙蓋頓》第1部〈哥耶提雅〉所載所羅門王的魔法圓可謂是眾多魔法圓當中最著名的一個。

　　根據〈哥耶提雅〉記載，這個魔法圓乃是所羅門王為保護自身免受邪惡精靈侵害所創。

　　這魔法圓直徑有9英呎，除周圍寫有神聖的神名以外，外圓與內圓中間還繪有纏繞骷髏頭的蛇，其軀體乃呈濃黃色，上面還寫著希伯來字母。其次，魔法圓外側四處繪有刻著文字的五芒星，內側四處也繪有六芒星；圓心有個紅色的四角形，這裡便是供施術者站立召喚惡魔的地方。

　　魔法圓之下另有附屬的魔法三角形。這魔法三角形是個高3英呎的正三角形，必須於距離魔法圓2英呎的地方繪製。惡魔受召喚以後就會出現在這三角形裡面。

　　魔法圓與三角形各部分無論用色或者文字等均有詳細規定，繪製時圖形必須朝向東方。

　　除此以外，〈哥耶提雅〉對所羅門王的另一個著名魔法道具五芒星圖、六芒星圖亦有說明。據其所載，所羅門王的六芒星圖乃以小牛皮製作，平時別在衣襬，能讓現身的惡魔變化成人類的模樣，還能使惡魔服從；五芒星圖則須以金銀製作，別在胸前可以規避危險，還能藉此號令諸靈。除此之外，兩者都要在圖形中篆刻阿多奈、泰特拉格拉瑪頓等神祕文字。

〈哥耶提雅〉所載魔法圓與魔法三角形

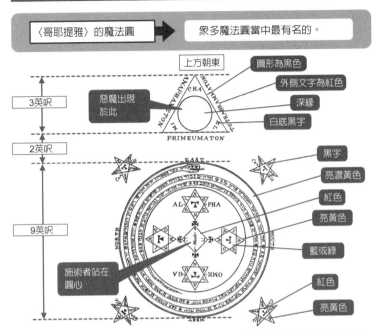

〈哥耶提雅〉的魔法圓　➡　眾多魔法圓當中最有名的。

上方朝東

圖形為黑色

外側文字為紅色

深綠

白底黑字

惡魔出現於此

3英呎

2英呎

9英呎

施術者站在圓心

黑字

亮濃黃色

紅色

亮黃色

藍或綠

紅色

亮黃色

《雷蒙蓋頓》（《所羅門王的小鑰匙》）所載魔法圓，分成施術者站的圓形與惡魔現身的三角形。須按照圖形、文字、顏色等各種規定繪製，上方朝東。

五芒星圖與六芒星圖的使用方法

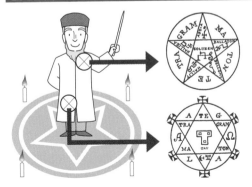

所羅門王的五芒星圖。以金銀製作，別在胸前，就能避開惡魔的危險。

所羅門王的六芒星圖。以小牛皮製作，縫在衣襬，便能使惡魔服從。

〈召魔之書〉

Ars Theurgia Goetia

〈召魔之書〉是針對從前所羅門王召喚並且封印的天空31精靈，就其名字、性質、印記、防禦法、召喚咒文等進行說明的魔導書。

●透過天空精靈實現願望的術法

〈召魔之書〉是《雷蒙蓋頓》（《所羅門王的小鑰匙》）當中的第二部魔導書。「Theurgia」是新柏拉圖主義*神祕咒術之意，從語源來說是由希臘語的the（神）＋urgy（術）組成，有「催動神靈」的涵意。

這本書講的是傳說中從前所羅門王曾經召喚、封印的天空31精靈，並就其名、性質、印記、防禦方法、召喚咒文等進行說明。這31名精靈的地位全都是天空的司掌者，各自擁有皇帝、王侯、王子等稱號。只不過這些精靈並非天使，他們可以是善也可以是惡，是種類似於惡靈的存在。因此就算其中有些名字跟天使相似，指的也不是天使。另外司掌天空的眾精靈麾下還各自有眾多精靈附屬。

這31名精靈的職務全數相同，某個精靈辦得到的事情，其他精靈也同樣辦得到。他們的能力包括找出被藏匿的物事、揭露他人祕密，還能取得任何受命尋找的東西。不過這31名精靈全部都分屬於地水火風四大元素。

各精靈均有固定住所，並分別與方位磁石所指方位相對應，是以施術者向特定精靈祈禱時必須面向特定方位行禱。咒文有數個種類，須視對象精靈選用適當咒文。其次，召喚精靈時必須以其印記製成名為拉曼的墜飾佩戴胸前，否則精靈就不會服從命令。

順帶一提，此書以及第3部〈保羅之書〉的諸靈，跟**托利特密烏斯**《隱寫術》內容所載有相互對應的關係。

---

* 新柏拉圖主義：請參照No.227注釋附錄No.049＊1。

介紹天空31精靈的魔導書

《雷蒙蓋頓》第2部
〈召魔之書〉

介紹傳說中受所羅門王封印的天空31精靈之作品。

召魔之書記載的天空31精靈

1	Carnesiel	東方的皇帝
2	Caspiel	南方的皇帝
3	Amenadiel	西方的皇帝
4	Demoriel	北方的皇帝
5	Pamersiel	第1王侯 隸屬東方皇帝
6	Padiel	第2王侯 隸屬東方皇帝
7	Camuel	第3王侯 隸屬東方皇帝
8	Asteliel	第4王侯 隸屬東方皇帝
9	Barmiel	第5王侯 隸屬南方皇帝
10	Gediel	第6王侯 隸屬南方皇帝
11	Asyriel	第7王侯 隸屬南方皇帝
12	Maseriel	第8王侯 隸屬南方皇帝
13	Malgras	第9王侯 隸屬西方皇帝
14	Darochiel	第10王侯 隸屬西方皇帝
15	Usiel	第11王侯 隸屬西方皇帝
16	Cabariel	第12王侯 隸屬西方皇帝

17	Raysiel	第13王侯 隸屬北方皇帝
18	Symiel	第14王侯 隸屬北方皇帝
19	Armadiel	第15王侯 隸屬北方皇帝
20	Baruchas	第16王侯 隸屬北方皇帝
21	Geradiel	第1流浪王子
22	Buriel	第2流浪王子
23	Hidriel	第3流浪王子
24	Pirichiel	第4流浪王子
25	Emoniel	第5流浪王子
26	Icosiel	第6流浪王子
27	Soteriel	第7流浪王子
28	Menadiel	第8流浪王子
29	Macariel	第9流浪王子
30	Vriel	第10流浪王子
31	Bydiel	第11流浪王子

用語解說

●托利特密烏斯→1462～1516年。文藝復興時期的修道院長，同時也是神祕學主義者。著有密碼暗號法之集大成作品《隱寫術》，被奉為近代暗號學之父。

〈保羅之書〉

Ars Paulina (Paulina Art)

這部據傳由聖保羅發現的魔導書，其目的乃在於召喚掌管時間及黃道十二宮的諸善靈藉以實現願望。

●召喚天界眾天使之書

〈保羅之書〉現如今雖以《雷蒙蓋頓》（《所羅門王的小鑰匙》）的第三部爲世所知，可是這部魔導書早在中世時期其實是本獨立的著作。儘管書中寫到此書是所羅門王的其中一部作品，但亦有傳說表示此書其實是由聖保羅所發現的。

此書之目的在於召喚掌管時間及黃道十二宮的眾善靈，是以書中也依序就召喚所須之魔法圓、各天使印記、咒文、占星學適於召喚的理想時間等爲文介紹。

其內容根據天使類別，共分成二章：

第一章介紹的是司掌晝夜24個小時的天使。每個小時各有一名司掌天使，其下各有8名直屬公爵天使，其下則另有眾多天使從屬。舉例來說，白晝第1個小時的司掌天使名叫撒末爾（Samael），麾下8名公爵天使分別是Ameniel、Charpon、Darosiel、Monasiel、Brumiel、Nestoriel、Chremas和Meresyn，其下還有444名從屬天使。這些24小時的天使分別掌管屬七行星管轄諸事，並且能夠實現與該行星相關的所有事情。

第二章介紹的對象則是司掌黃道十二宮的12位天使。除此之外，此章還將黃道十二宮各自以每1度角分成30等分，360度均有天使配屬。其次，這些天使全都分別對應於地水火風四大元素。每個人都可根據其誕生日時對應至黃道十二宮，並且因爲這層對應關係而受到這些天使管轄；據說只要向那位天使祈禱，便能得到所有的技術與知識。

介紹天界眾天使的魔導書

《雷蒙蓋頓》第3部
〈保羅之書〉 → 召喚24小時天使、黃道十二宮天使的魔導書。

一天24個小時的天使

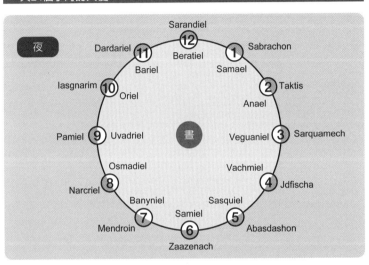

夜 / 晝

Sarandiel ⑫ / Beratiel
Dardariel ⑪ / Bariel
Iasgnarim ⑩ / Oriel
Pamiel ⑨ / Uvadriel
Narcriel ⑧ / Osmadiel
⑦ Banyniel / Mendroin
⑥ Samiel / Zaazenach
① Sabrachon / Samael
② Taktis / Anael
③ Sarquamech / Veguaniel
④ Jdfischa / Vachmiel
⑤ Abasdashon / Sasquiel

黃道十二宮的天使

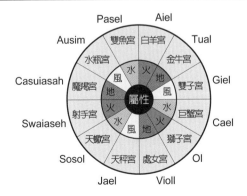

Pasel 雙魚宮 / Aiel 白羊宮 / Tual 金牛宮 / Giel 雙子宮 / Cael 巨蟹宮 / Ol 獅子宮 / Violl 處女宮 / Jael 天秤宮 / Sosol 天蠍宮 / Swaiaseh 射手宮 / Casuiasah 魔羯宮 / Ausim 水瓶宮

屬性：水火地風

119

〈降神之書〉

Ars Almadel (The Art of the Almadel)

〈降神之書〉是部利用魔法道具阿爾馬岱白蠟板召喚司掌天頂東南西北四極點的20名天使，藉以實現願望的魔導書。

●以阿爾馬岱白蠟板呼喚天使

〈降神之書〉是《雷蒙蓋頓》（《所羅門王的小鑰匙》）當中排在第四部的魔導書。

此書主題是要召喚司掌天頂東南西北四極點的20名天使，請他們替自己達成願望。天空360全方位可劃分成十二宮，每三個宮為一組便能分成東南西北四個方向，將20名天使平均分配至各方位，則每個方位各有5名天使。第1極點東方的5名天使是Alimiel、Gabriel、Barachiel、Lebes和Helison；第2極點南方的天使是Aphiriza、Genon、Geron、Armon和Gereimon；第3極點西方則是Eliphaniasai、Gelomiros、Gedobonai、Taranava和Elomina；最後第4極點北方則是Barcahiel、Gediel、Gediel、Deliel和Capitiel。

欲召喚這些天使，首先必須製作阿爾馬岱的白蠟板（銘板）。這銘板須以白蠟製作，於其上篆刻特定文字與星陣圖等符號。另外還要用白蠟製作四支蠟燭，豎立在蠟板的四個角落。接著則是要製作徽章。雖然純銀亦可，不過徽章盡可能還是以純金材質為佳，然後刻上HELL、HELION、ADONAIJ三個名字。

準備完畢以後就可以點燃蠟燭，向目標方位的天使祈禱、唱誦咒文。據說這個時候，天使就會出現。

只不過施術者必須視召喚對象的不同來選擇執行儀式的時日，因為天空四極點在黃道十二宮上面都有個相對應的時間帶。除此以外，與天空四個極點相對應的顏色等事項同樣也必須注意，這些事項在〈降神之書〉裡面也有簡單的說明。

各方位天使的魔導書

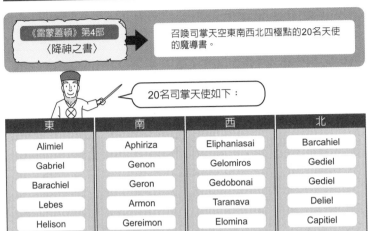

東	南	西	北
Alimiel	Aphiriza	Eliphaniasai	Barcahiel
Gabriel	Genon	Gelomiros	Gediel
Barachiel	Geron	Gedobonai	Gediel
Lebes	Armon	Taranava	Deliel
Helison	Gereimon	Elomina	Capitiel

《雷蒙蓋頓》第4部〈降神之書〉 ➡ 召喚司掌天空東南西北四極點的20名天使的魔導書。

20名司掌天使如下：

阿爾馬岱白蠟板

召喚各方位司掌天使必須使用如下的阿爾馬岱白蠟板：

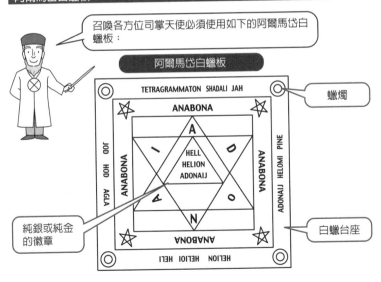

阿爾馬岱白蠟板

蠟燭

純銀或純金的徽章

白蠟台座

用語解說

●Gediel→此二者究竟是同一位天使抑或兩位不同天使，不得而知。

〈聖導之書〉

Ars Notoria (The Notable Art)

〈聖導之書〉之目的在於召喚天使以獲得自由七科目專門知識與其他技術、滔滔辯才甚至神祕體驗，是部早自非常古老的時代便已經存在的高級魔導書。

●**為獲取專門知識與技術而存在的高等魔法書**

〈聖導之書〉是部與所羅門王頗有淵源，並且早自非常古老的時代便已經存在的魔導書。此書現如今乃以《雷蒙蓋頓》（《所羅門王的小鑰匙》）第五部為世所知，不過它在中世時期其實是部獨立的魔導書，據說1300～1600年間便有多達50冊以上的抄本流通。

舊約聖經《歷代志下》有段所羅門王與神的對話如下：

「求你賜我智慧聰明，我好在這民前出入；不然，誰能判斷這眾多的民呢？」

神對所羅門說：「我已立你作我民的王。你既有這心意，並不求資財、豐富、尊榮，也不求滅絕那恨你之人的性命，又不求大壽數，只求智慧聰明好判斷我的民；我必賜你智慧聰明，也必賜你資財、豐富、尊榮。在你以前的列王都沒有這樣，在你以後也必沒有這樣的。」

〈聖導之書〉便是以這段故事為前提所創作，傳說這本書便是由神派遣天使傳授予所羅門王的。

這本書有個迥異於其他旨在尋找財寶、擊敗政敵或獲得異性愛戀的尋常魔導書的特徵；此書之目的在於召喚天使，並藉此獲得自由七科目（文法、理論學、修辭學、算數、幾何學、天文學、音樂）之專門知識與其他技術、辯才甚至神祕體驗。書中就達此目的所必須之禱辭、神祕圖形符號、除穢儀式等均有說明；禱辭當中混有希伯來語、希臘語等不同語言，不過17世紀以後的拉丁語版本並未記載到符號與圖形。

頗具歷史的魔導書

《雷蒙蓋頓》第5部
〈聖導之書〉　　→　原本在中世是部獨立的魔導書。
14～16世紀間有許多抄本流行。

〈聖導之書〉的目的

〈聖導之書〉目的是要召喚天使、獲得特殊的知識，不像其他魔導書是以獲得財寶、擊敗政敵、獲得戀人為目的。

自由七科目（文法、理論學、修辭學、算數、幾何學、天文學、音樂）的專門知識。其他技術。辯才與神祕體驗。

主啊。

獲得財寶。

擊敗政敵。

獲得異性的愛。

《摩西第六書、第七書》

The Sixth and Seventh Books of Moses

這部傳為古猶太英雄摩西所著、曾經風行德國的魔導書，後來經移民之手被帶往新大陸，從而發生了許多令其惡名遠播的事件。

●引發殺人事件的不祥魔導書

　　《摩西第六書、第七書》是傳為古猶太英雄摩西（請參照P.038）所著之魔導書。其實際成書年代雖已不得而知，不過此書於18世紀便已經以手抄本與印刷小冊子之形式流通於德國及其周邊地區。1849年斯圖加特*的出版業者約翰・席伯首次出版印刷此書完整版、極受歡迎，受歡迎程度甚至超越了德國國境；美國賓夕法尼亞州有許多德裔移民定居，《摩西第六書、第七書》在那裡同樣也很受歡迎。這些德裔移民當中也包括有能施魔法替眾人治病、能與敵方魔法師作戰的咒術巫醫──魔醫，《摩西第六書、第七書》便是他們的必需品，因為當時相信這本魔導書擁有特殊的守護力量。另外，當時還相信此書跟其他魔導書同樣，對尋寶也能起到很大助益。不過《摩西第六書、第七書》的最大特色便在於它不祥的傳聞評價，甚至足以使人相信它真的能夠引發殺人事件。

　　1916年賓夕法尼亞州就發生了蹄鐵匠彼得・李斯殺害農夫朋友亞伯拉罕・費克，然後用斧頭把頭砍下來的事件。事件發生前不久，李斯才去拜訪某位專職燒炭的工匠，那名男子手頭有部《摩西第七書》，還威脅李斯道：「你會被費克殺死哨。」換句話說，當時的民眾相信李斯便是因為《摩西第七書》而發狂，終於引起了殺人事件。

　　1924年又發生了一起住在德國西伐利亞名叫菲利茲・安傑修坦的男子殺害八名家人的事件，報導指出其自宅收藏有《摩西第六書、第七書》，而當時民眾相信犯人便是讀了這部魔導書，才依著其中指示犯下了殺人事件。

英雄摩西所著魔導書？

《摩西第六書、第七書》	18世紀德國的魔導書。
	舊約聖經的英雄摩西所著？

1849年席伯出版首部完整版。

 在美國也同樣大受歡迎！

不祥的魔導書

 許多人相信《摩西第六書、第七書》是會引起殺人事件的不祥作品。

1916年，賓夕法尼亞州的蹄鐵匠因為《摩西第七書》而用斧頭砍下農夫朋友亞伯拉罕·費克的頭顱。

1924年，一名住在德國西伐利亞的男子菲利茲·安傑修坦殺害了八名家人。當時報導指出其住處收藏有《摩西第六書、第七書》。

簡單且任誰都會的摩西魔法

Easy available magic of moses

光憑著簡單的護符和少數幾個咒文，不只能發現寶物、召來幸運，甚至還能實現聖經中英雄摩西曾經使用過的魔法。

●僅以簡單護符咒語便可施行的摩西魔法

根據聖經記載，從前摩西曾經跟埃及的魔法師對陣，他變杖爲蛇、召來大群蝗蟲、變水爲血，創造出各式各樣的奇蹟打敗了對方。據說《摩西第六書、第七書》便是部蒐集匯整了摩西當時曾經行使過魔法的作品。不過，1849年由席伯出版的《摩西第六書、第七書》完整版則是收錄了自古以來的數個版本。

此書首先介紹的似乎就是最新版的《摩西第六書、第七書》。此版本的《摩西第六書》介紹的有支配各種天使的印記、支配四大精靈和七行星精靈的印記等七個印記與咒文；至於《摩西第七書》收錄的則是支配四大精靈與行星精靈所須的12個圖錄與咒文。書中所載魔法全都有助於發現寶物、召來幸運或是規避不幸。

緊跟著上述最新版之後，此書接著收錄的其他版本《摩西第六書、第七書》則是承襲摩西魔法之源流，屬於喀巴拉魔法系統。此處所介紹的，便是可用來施行摩西於聖經故事各場面中實際使用過的魔法之印記、咒文，諸如變杖爲蛇、召來大批蝗蟲、變水爲血等。

除此之外，《摩西第六書、第七書》在附錄部分還介紹到用來召喚傳爲墮天使同伴之七位偉大王子的魔法圓等內容。

這些魔法的最大特色便是簡單。《摩西第六書、第七書》的魔法幾乎都只須用到簡單的護符和幾個咒文而已。這本書之所以擁有難以動搖的人氣，或許就是因爲其魔法簡單而使然。

《摩西第六書、第七書》的魔法

《摩西第六書、第七書》 ➡ 據說匯整了聖經中摩西曾經行使的魔法。

聖經中摩西引起的奇蹟。

> 變杖為蛇。

> 召來大批蝗蟲。

> 變水為血。

> 召來大量虱子與牛虻。

根據《摩西第六書、第七書》記載，左圖為變杖為蛇的印記，右圖則是召來大批蝗蟲遮蔽天日的印記。

獲得大地寶物之護符與咒文

在《摩西第六書、第七書》裡面，僅須簡單的護符和咒文便足以獲得大地之寶。

護符

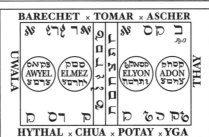

BARECHET × **TOMAR** × **ASCHER**

AWYEL ELMEZ ELYON ADON

HYTHAL × **CHUA** × **POTAY** × **YGA**

咒文　我命令你，阿韋桀爾。以歐傑歐斯、艾梅茲、阿吉歐斯之名。我命令你，亞赫納烏斯斯·耶律翁，還有阿頓啊。以桀包特之名。

《教皇洪諾留的魔導書》

The Grioire of Pope Honorius (Grimoire du Pape Honorius)

這部據傳為13世紀羅馬教皇所著魔導書乃以黑母雞進行極殘酷的活祭，因而被視為特別的邪惡。

●在巴黎人氣僅次於《所羅門王之鑰》的魔導書

《教皇洪諾留的魔導書》在1700年前後的巴黎是人氣僅次於《所羅門王之鑰》的魔導書。至於它受歡迎的理由，則是因為其中記載有如何發現財寶的魔法。據說那時候的巴黎在檯面下有個祕密的魔法界，對這些人來說，擁有《所羅門王之鑰》或《教皇洪諾留的魔法書》的抄本就是種身分的象徵。相傳此魔導書的作者是13世紀初的羅馬教皇，也就是傳說指其為魔法師的洪諾留三世；不過此書實際上其實是出版於17世紀後半期的羅馬。

其內容是講述如何以特定魔法圓召喚東西南北或者每週各日的墮天使，並使其遵從命令；其次，《教皇洪諾留的魔導書》在實施魔法之前還有個活祭黑母雞的殘酷儀式，所以這部魔導書才會被視為格外邪惡、遭人忌避。

《教皇洪諾留的魔導書》此題名應當是取自於更古老的《洪諾留的誓約書》一書。有文獻記錄指出此書早在13世紀初便已經存在。此書成立年代不詳，但傳說811年那不勒斯、雅典、托萊多＊、底比斯等地的魔法大師曾經齊聚一堂，召開魔法會議；當時便是由底比斯的洪諾留擔任負責人將魔法知識匯整成書，而此書便是日後所謂的《洪諾留的誓約書》。

此處所謂底比斯的洪諾留跟羅馬教皇毫無任何關聯，可是後來底比斯洪諾留的傳說漸漸遭到遺忘，這才跟傳說指為魔法師的羅馬教皇洪諾留三世混淆了，最後也才會有《教皇洪諾留的魔導書》的問世。

廣受歡迎的魔導書

《教皇洪諾留的魔導書》

成書於17世紀，受歡迎程度僅次於《所羅門王之鑰》。

傳為13世紀羅馬教皇洪諾留三世所著？

以血腥殘酷的儀式而聞名。

召喚惡魔之書。

《教皇洪諾留的魔導書》封面的神祕圖畫

從《誓約書》到《魔導書》

《教皇洪諾留的魔導書》此題名應是取自於更古老的《洪諾留的誓約書》。

魔法大師從那不勒斯、雅典、托萊多、底比斯等地齊聚一堂。

托萊多　那不勒斯　雅典　底比斯

811年，魔法會議

由底比斯的洪諾留匯整魔法知識。

《洪諾留的誓約書》完成。

摘錄部分題名的《教皇洪諾留的魔導書》於17世紀成書，廣受歡迎。

教皇洪諾留的魔法

Contents of "The Grimoire of Pope Honorius"

欲召喚東西南北之王與每週各日墮天使以實現願望，就必須施行挖出黑母雞眼珠的殘酷活祭儀式。

●召喚東西南北之王與每週各日的惡魔

《教皇洪諾留的魔導書》是部召喚各種精靈與墮天使、使其實行命令的魔導書。

此書被指為邪書的最大特徵，就是必須在召喚惡魔之前舉行殘酷的儀式。此儀式不但要宰殺黑母雞、挖出兩個眼珠，還要挖出舌頭與心臟曬乾並研磨成粉狀，日後可以用來撒在描繪魔法圓等圖籙的羊皮紙上。其次，取羊皮紙也必須進行宰殺羔羊的儀式。經過上述儀式、祈禱以及為期三天的斷食以後，這才終於可以開始召喚墮天使。

此書所召喚的乃是東西南北之王與每週各日的墮天使。

據魔導書記載，所謂東西南北之王分別是指東方的瑪搊亞、南方的埃吉姆、西方的派蒙和北方的亞邁蒙；每週各日的惡魔則是週一路西法、週二弗利莫斯特、週三亞斯她錄、週四席爾卡迪、週五貝卡德、週六古藍朵、週日史爾加特。

當中有些神靈似乎是專為實現特定願望而召喚的，譬如週二的弗利莫斯特是要獲得名譽與威嚴、週三的亞斯她錄能使人獲得國王或眾人的好感、週四的席爾卡迪能使人獲得幸福與財寶、週日的史爾加特則是能發現並移動財寶，至於其他神靈則基本上算是能替人實現任何願望。話雖如此，如果想要獲得財寶的話，那還是召喚席爾卡迪或史爾加特會比較好。

召喚這些神靈時必須使用他們各自特定的魔法圓、星陣圖和祈禱，例如召喚東西南北之王就要使用所羅門王的魔法圓和星陣圖，至於每週各日靈則是必須使用各自專用的魔法圓方可。

以殘酷儀式而聞名

著名的殘酷儀式 ➡ 宰殺黑母雞，挖出雙眼取出舌頭心臟，將其曬乾後磨成粉狀……

嗚嗚嗚

我辦不到啦～

咕咕咕

踱踱踱

《教皇洪諾留的魔導書》召喚的惡魔

《教皇洪諾留的魔導書》能使以下惡魔服從號令：

各方位之王	
東方 = 瑪搐亞	
南方 = 埃吉姆	
西方 = 派蒙	
北方 = 亞邁蒙	

➡ 召喚各方位之王須使用右圖魔法圈。

每週各日的惡魔	
週一 = 路西法	
週二 = 弗利莫斯特	
週三 = 亞斯她錄	
週四 = 席爾卡迪	
週五 = 貝卡德	
週六 = 古藍朵	
週日 = 史爾加特	

➡ 召喚每週各日惡魔必須使用各自專用的魔法圈。右圖為弗利莫斯特專用。

131

《大奧義書》

Grand grimoire

召喚地獄宰相路西弗葛‧洛弗卡雷以獲取財寶的《大奧義書》，內容非常簡單易懂，是對一般大眾影響最巨的魔導書。

●對法國一般大眾影響最巨的魔導書

《大奧義書》內容完整、容易理解，就它容易對人造成負面影響此層面來說可以稱得上是部惡名昭彰的黑魔法書。18～19世紀間的法國有許多魔導書流通於市井間，其中對一般大眾影響最巨的當屬《大奧義書》。書中自稱《大奧義書》乃著於1522年，實際上這部作品應是成書於1750年前後的義大利，定位為大量販售用廉價書印刷出版，從而大為風行。

一般的魔導書通常都不必背負與惡魔締結契約之類的風險，可是此書特色便在於與惡魔的契約。換句話說，《大奧義書》是將地獄惡魔宰相路西弗葛‧洛弗卡雷召喚出來、為問出祕密財寶所在之處而與其締結契約，是部內容相當危險的一本書。更有甚者，《大奧義書》並不光只是本記載如何與惡魔締結契約的魔導書，「持有此書本身便是惡魔契約的一部分」。另外，《大奧義書》說路西弗葛是凡間財寶的管理者，是以此時代的法國都認為路西弗葛‧洛弗卡雷是尋寶時最重要的精靈。

雖然說是與惡魔締結契約，可《大奧義書》卻是憑藉所羅門王的大咒文與魔法杖的威力強行締結有利於施術者的契約，並非那種一旦有些許差池就會丟掉小命的危險契約。光就這點而論，則《大奧義書》在本質上跟其他魔導書可謂是並無差別。

19世紀初，《大奧義書》再度以《紅龍（Dragon rouge）》題名出版，從而成為惡名堪與《小阿爾伯特》匹敵的邪書。19世紀法國一般民眾大多都想要得到《紅龍》，眾家魔法師更是隨身攜帶《紅龍》而非聖經。

《大奧義書》的特色

《大奧義書》

→ 18世紀出現於義大利的黑魔法書。

與惡魔締結契約的罕見魔導書。

詳細記述召喚宰相路西弗葛‧洛弗卡雷獲得巨富的方法。

19世紀以《紅龍》題名出版,廣受一般大眾支持。

誰是惡魔宰相路西弗葛‧洛弗卡雷?

惡魔路西弗葛‧洛弗卡雷

凡間財寶的管理者

尋寶時最重要的精靈

路西弗葛‧洛弗卡雷在法國的地位幾乎已形同是尋寶之神。

路西弗葛‧洛弗卡雷

《大奧義書》的目的

The purposes of "Grand grimoire"

使用《大奧義書》便能召喚包括惡魔宰相路西弗葛在內共六名的地獄次席高等惡魔，達成與各惡魔相對應之目的。

●任意操縱次席高等六惡魔

《大奧義書》乃以召喚惡魔宰相路西弗葛‧洛弗卡雷並獲得財寶而聞名的魔導書，可是這部魔導書的目的絕不僅止於此。

根據《大奧義書》記載，惡魔界有無數惡魔存在，其高層則是有三大統治惡魔、次席高等六惡魔、十八從屬官等席次。

三大統治惡魔依序是皇帝路西法、王子別西卜和大公*亞斯她錄，其下有六名次席高等惡魔，他們都被路西法各別授以特別的權力。六名次席高等惡魔的名字及其權限如下：宰相路西弗葛‧洛弗卡雷，他被皇帝路西法授予掌管支配全世界財富財寶的權限；大將軍撒達納奇亞，擁有能使所有女性臣服的能力；將軍阿迦里亞瑞普特，擁有揭露國家機密的能力；中將浮錄雷提，司掌夜間事務並擁有降冰雹的能力；准將薩爾迦塔納斯，職掌使人透明化‧傳送‧透視術‧死靈術等能力；元帥涅比洛斯，擁有從事惡行之權限以及賜人廣博知識之能力。

次席高等惡魔底下各自配屬有三名惡魔從屬官，共計有十八名從屬官，從屬官以下則是另有無數惡魔附屬。

施術者實際召喚號令的其實是這眾多惡魔當中的次席高等六惡魔；施術者其實是要向皇帝路西法祈禱、取得其許可，然後視施術目的借用這些惡魔的不同能力。是故若以《大奧義書》魔法召喚宰相路西弗葛‧洛弗卡雷以外的其他五位次席高等惡魔，便也能達成獲得財寶以外的其他目的。

《大奧義書》當中還詳細說明如何召喚路西弗葛‧洛弗卡雷以獲得財寶，作為具體實例。

《大奧義書》的內容

《大奧義書》有兩大主題：

《大奧義書》的兩大主題

① 說明召喚路西弗葛・洛弗卡雷以獲取巨富的方法。

② 說明惡魔界組織，好讓施術者視不同目的召喚不同惡魔。

惡魔界的高層組織

三大統治惡魔

| 皇帝路西法 | 王子別西卜 | 大公亞斯她錄 |

次席高等六惡魔

宰相路西弗葛・洛弗卡雷	司掌財富與財寶。
大將軍撒達納奇亞	能使所有女性臣服。
將軍阿迦里亞瑞普特	通曉國家機密。
中將浮錄雷提	司掌夜間事務與降冰雹。
准將薩爾迦塔納斯	使人透明化・傳送・透視術・死靈術。
元帥涅比洛斯	從事惡行與廣博的知識。

| 十八從屬官 | 次席高等六惡魔各自配屬有三名從屬官。 |

施術者須學習上述魔界組織與各惡魔的角色職掌，並視不同目的擇一召喚次席高等六惡魔。

召喚惡魔宰相路西弗葛的準備工作

Preparations to conjure up Lucifuge Rofocale

召喚惡魔宰相路西弗葛必須做好許多準備工作，包括一週內須斷絕
女色潔淨自身、以榛樹枝製作魔法杖等。

●製作召喚路西弗葛的魔法圓

根據《大奧義書》記載，召喚惡魔宰相路西弗葛·洛弗卡
雷必須做好下列準備：

首先，在召喚惡魔的前一週必須斷絕與女人的關係、保持
自身潔淨。一天兩餐，用餐前要向主獻祈禱。召喚惡魔須獨自
一人或三人共同執行，如有必要則應事先找齊兩名助手。接著
則是要事先選定廢墟或古城之類寂靜場所作為執行召喚作業的
場地。其次，準備血玉髓（雞血石＊）、兩支由處女製作的全
新蠟燭、全新的火盆、白蘭地、樟腦和木炭。再來還要宰殺羔
羊，剝皮搓成細長的繩索，並從裝納孩童屍體的棺木拔取四支
封棺釘。為避免召喚時惡魔太過靠近魔法圓，可先行準備金幣
或銀幣用紙包起來，以備驅趕惡魔。

實施儀式前晚，施術者必須找到從未結過果實的野生榛
樹，選定適合製作魔法杖的樹枝，然後在隔天早晨太陽冒出地
平線的那瞬間，持全新小刀砍下該樹枝、製作長度19英呎半的
魔法杖。

一切準備停當後，終於就要前往作業場地開始召喚惡魔。
首先第一件事就是要在地面或地板繪製魔法圓；魔法圓先是用
以羔羊剝製的皮繩圍成，四方用釘子固定住。取出事先準備好
的雞血石在圓裡面畫個三角形，然後在三角形的兩邊立起蠟
燭；魔法圓的上方要朝東，三角形則是要從上方的頂點開始畫
起。再來則是要在魔法圓的外側按反時針方向依序寫下大寫的
A和小寫的e、a、j，然後在三角形底邊處書寫神聖文字JHS
（象徵耶穌基督），並且在兩端各畫一個十字。這樣便能防止
惡魔從背後偷襲。

準備作業

召喚惡魔的準備

必須做好充分準備！

① 不可動搖的決心。

② 決定要召喚哪個惡魔。

③ 潔淨身體。

一日兩餐·斷絕女性關係等。

④ 備齊必要道具。

火盆·蠟燭·山羊皮繩·釘子·雞血石·白蘭地·樟腦·木炭·魔法杖等。

召喚路西弗葛的魔法圓

召喚路西弗葛·洛弗卡雷的魔法圓要這樣製作：

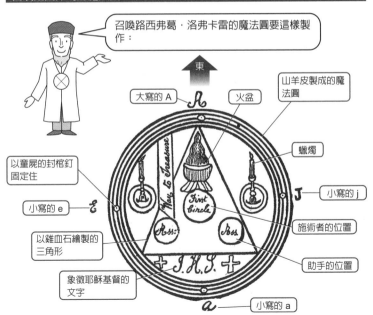

東

大寫的 A

火盆

山羊皮製成的魔法圓

蠟燭

以童屍的封棺釘固定住

小寫的 j

小寫的 e

施術者的位置

以雞血石繪製的三角形

助手的位置

象徵耶穌基督的文字

小寫的 a

命令惡魔宰相路西弗葛

How to order Lucifuge Rofocale

遇惡魔路西弗葛索取靈魂與肉體時必定要斷然拒絕，應以魔法杖威嚇並不斷唱誦所羅門王之鑰大咒文，迫其服從。

●不可與危險的惡魔締結契約

《大奧義書》講到完成魔法圓以後，召喚惡魔宰相路西弗葛之程序如下：

首先取木炭置於火盆內，灑上白蘭地和樟腦然後點火。手持魔法杖和寫著咒語與要求的紙張站到三角形裡面，並懷抱希望與信心呼喚惡靈：「偉大的路西法皇帝啊，我以主之名命令你，將惡魔大臣路西弗葛派遣前來。」此時除路西法皇帝以外，也可以把別西卜王子、亞斯她錄大公的名字也追加進去。如果惡魔此時出現便罷，不過情況通常都沒這麼順利，這時候就要唱誦所羅門王大咒。此時惡魔大臣路西弗葛就會出現，施術者必須宣言：「敢不回應我的要求，便以咒語施以永恆的折磨。」劈頭先來個下馬威。路西弗葛會問道：「有何要求？」施術者就可以提出要求了：「我的願望便是與你締結契約令你儘快助我致富。」

不過路西弗葛也會發揮其惡魔本色，如是說道：「倘若你願在20年後交出靈魂與肉體，則契約可也。」

想當然爾，這樣的契約肯定是簽不得的。於是施術者便立刻要持魔法杖指向路西弗葛，威脅道：「敢不從命，便要你與同黨永受折磨。」並重複唱誦所羅門王大咒。此時路西弗葛就會老大不願意地帶路前往藏有寶物之地，而施術者須經由特定途徑離開魔法圓、尾隨其後。來到藏寶處以後將契約書放在寶物之上，帶著所有拿得動的寶物倒退離開，回到魔法三角形之中。最後還要跟路西弗葛道別：「偉大的路西弗葛啊，我已滿足。已經到了說再見的時候，請你離開去自己喜歡的地方。」如此便能獲得巨富。

召喚惡魔與獲取寶物

召喚惡魔 ➡ 準備魔法杖等必須品召喚惡魔。

所羅門王大咒

靈啊！我憑著擁有偉大力量的下列名號命令你，速速出現！以阿多奈之名、耶洛姆、亞利、耶和凡姆、阿格拉、塔格拉、馬通、歐亞利歐斯、亞爾莫金、阿里歐斯、免布洛特、伐利歐斯、皮朊納、馬喬多斯、薩爾非、伽波茲、薩拉曼德雷、塔波茲、金瓜、姜納、以提茲莫斯，以薩里亞納米克之名。

（以下重複）

 若惡魔遲遲不現身則可以唱誦上述所羅門王大咒。據說只要唸個兩遍惡魔就必定會出現，接著只要按照下列程序便能取得寶物：

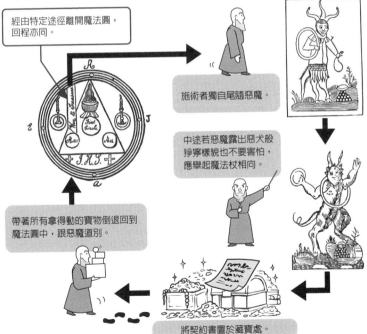

經由特定途徑離開魔法圓，回程亦同。

施術者獨自尾隨惡魔。

中途若惡魔露出惡犬般猙獰樣貌也不要害怕，應舉起魔法杖相向。

帶著所有拿得動的寶物倒退回到魔法圓中，跟惡魔道別。

將契約書置於藏寶處。

《小阿爾伯特》

PETIT ALBERT

這部記載了極邪惡「光榮之手」製作方法的魔導書，乃經由行商人之手散播至法國各地甚至偏僻小鄉村，使其惡名愈發遠播。

●記載「光榮之手」製作方法的魔導書

《小阿爾伯特》是部因為記載到極邪惡「光榮之手」（請參照P.142）的製作方法而受人忌避的魔導書。所謂「光榮之手」是指取絞首死刑犯屍體的手掌而製作的恐怖燭台，是種保護小偷的護身符。

《小阿爾伯特》曾經在1668年的法國出版，不過後來18世紀初又有廉價版再度出版，並經由行商人之手被帶往法國鄉間的各個小村莊，從而成為著名的邪書。1745年還曾經發生過行商人因為攜帶數冊《小阿爾伯特》兜售而遭到逮捕的事件。此書乃是與傳為大阿爾伯特[*1]所著《大阿爾伯特》相對的作品，至於《小阿爾伯特》的作者則據說是阿爾伯特‧帕爾烏斯‧盧西烏斯。

除「光榮之手」製作方法以外，此書對葡萄酒等酒類的製作方法、如何治療腹痛、測試女性外遇花心程度的方法、讓女性跳起豔舞等方法也都有解說，甚至連護符、魔法陣、魔法香水的調配方法等也都有記載。

相傳「光榮之手」此魔法於17世紀的實踐使用相當廣泛，不過這可怕的魔法卻是因為《小阿爾伯特》的介紹始得於19世紀後再次掀起風潮流行。

時至20世紀初，其邪惡影響終於越過大海來到了加勒比海地區。1904年，加勒比海的巴貝多島[*2]便發生了一起少年遭到極殘酷方法殺害、兩隻手腕遭人砍下的事件。過沒多久便逮捕了三名犯人，審判過程中發現原來他們計畫要搶銀行，而且還持有《小阿爾伯特》此書。也就是說，犯人意欲透過製作「光榮之手」祈使銀行搶案無風無浪、平安順利，所以才殺害了少年。

《小阿爾伯特》的特色

《小阿爾伯特》 ➡
- 1668年於法國出版。
- 阿爾伯特·帕爾烏斯·盧西烏斯所著。
- 以「光榮之手」製作方法而聞名。

? 其內容為？ ➡ 「光榮之手」製作方法／葡萄酒等酒類的製作方法／腹痛的治療方法／測試女性外遇花心程度的方法／讓女性跳起豔舞的方法。另外還有護符、魔法陣、魔法香水的調配方法等。

❖ 《小阿爾伯特》引起的事件

　　1904年因《小阿爾伯特》而起的巴貝多島少年慘死事件經緯如下：巴貝多島的橋鎮*³有位名叫魯珀特·瑪普（Rupert Mapp）的12歲少年。有名叫作艾德蒙·蒙多特（Edmond Montoute）的男子前來找他，問他要不要做點工作；那是個跑腿性質的簡單工作，所以瑪普立刻就簽約了。蒙多特帶著瑪普去到名叫聖魯切·李昂（St. Luce Leon）的男子家中，9月29日夜裡又有個名叫艾德加·聖希爾（Edgar St. Hill）的男子加入，此時的瑪普根本就想不到自己會死於非命，可是瑪普當晚就遭到殺害了。更有甚者，三名男子還挖出瑪普的心臟、將雙手手腕砍下；他們將其他部分的遺體埋好以後，又取岩鹽敲碎替心臟和手腕做防腐處理，究竟他們所欲何為呢？原來他們企圖製作「光榮之手」並計畫從事銀行搶案，主謀蒙多特是因為讀了《小阿爾伯特》才想到這個主意的。

光榮之手

The Hand of Glory

「光榮之手」是用遭處環首絞刑男屍手腕製作的恐怖燭台，在民間傳說裡亦以強盜與竊賊的護身符而聞名。

●以環首絞刑罪犯的手掌製成的燭台

「光榮之手」是歐洲民間傳說多次提及、頗爲世間所周知的魔法道具。雖然說是盜賊使用的道具，可是這個以環首絞刑男性死刑犯手掌製成的東西還是令人不寒而慄。

18世紀初出版的魔導書《小阿爾伯特》（小阿爾伯特自然喀巴拉魔法的驚奇祕密儀式）裡面記載了「光榮之手」的製作方法。

首先趁絞首死刑犯還吊在絞刑台上的時候將其手腕砍下，千萬記得要用裹屍布把手包裹起來、把血擠乾淨。其次將手腕放進土器中，以硝石、鹽巴、胡椒等磨成粉末醃漬15天。接著將手掌取出，於天狼星隨著太陽升起的酷熱時節將其徹底曬乾；倘若日照不夠，也可以把手掌放進以蕨類或馬鞭草加熱的灶裡烘乾。至於乾燥過程中取得的油脂，則必須與全新的蠟、產自拉普蘭*的芝麻混合製成數支蠟燭。如此製作出來的便是「光榮之手」，此物屬於某種燭台，使用時是要在「光榮之手」的指頭間插起蠟燭點火，任何人看見此物就會完全無法動彈，其間魔法師便可以爲所欲爲了。因此只要在入侵他人住家前先點燃「光榮之手」，盜取任何物事都不成問題了。

然而，據說只要在住家門口地板等盜賊可能入侵的場所事先塗 以黑貓膽汁、白雞脂肪、貓頭鷹鮮血混合製成的軟膏，便能抵消「光榮之手」的效果。除此以外，據說「光榮之手」的燭火無論用水或用啤酒都澆不熄，卻可以用牛奶澆熄；事實上獵女巫時代的惡魔學家德里奧（1551～1608）便提出報告指出有名女傭按照此法澆熄燭火，從而成功逮到盜賊。

「光榮之手」的效能

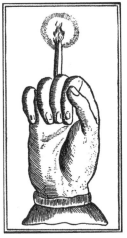

光榮之手

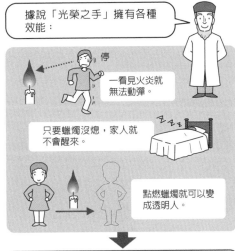

據說「光榮之手」擁有各種效能：

一看見火炎就無法動彈。

只要蠟燭沒熄，家人就不會醒來。

點燃蠟燭就可以變成透明人。

所以對竊賊強盜很有用。

「光榮之手」製作方法

「光榮之手」製作方法如下：

① 砍下絞首死刑犯手掌，搾乾鮮血。

② 以硝石、鹽巴、胡椒等物醃漬15天。

③ 於酷熱時節將手掌徹底曬乾。

完成

罪犯的手掌

硝石
鹽巴
胡椒

曬乾

大功告成

《黑母雞》

The Black Pullet (La poule noire)

《黑母雞》是部記載有如何製作尋寶黑母雞的魔導書，對寶藏獵人來說可謂是最最貴重的寶貝。

●活祭黑母雞的尋寶之書

《黑母雞》出版於1820年的法國，是最受寶藏獵人喜愛的魔導書。

根據前言記載，此書乃由某位曾經跟隨拿破崙遠征埃及的指揮官所著。當時他的軍隊遭到阿拉伯人突襲而致全滅，唯有自己一人得以倖存；他在逃亡途中遇見一名從金字塔中出現的魔法師，得其傳授魔法，然後才將這些魔法都記載了下來。

《黑母雞》內容分為前半與後半兩個部分。

前半部是介紹擁有各種魔法效果的護符與戒指，包括召喚四大元素精靈、安全移動至世界各地、變成透明人、受到所有人喜愛、知悉重要的祕密、發現一切財寶、獲得能解開任何鎖的能力、粉碎敵人陰謀、獲得所有礦物或蔬菜相關知識等擁有各種形形色色能力的護符。使用這些護符與戒指，再配合唱誦適當的咒文便能發揮效果。

最受眾多寶藏獵人喜愛的卻是此書的後半部，此部分記載的是黑母雞的製作方法（請參照P.146）。黑母雞須以特殊方法製作，據說這黑母雞能不斷發掘世間的祕密財寶，對寶藏獵人來說再沒有其他東西比它更加貴重了。

據說從前黑母雞儀式的實施使用相當廣泛，譬如1775年就有這麼一個案子：葡萄酒業者讓‧吉拉利跟共犯以「黑母雞就快到手」口實從某人身上捲走大筆款項；犯人是利用近乎魔術的手法讓黑母雞現身，結果使得被害者信以為真，進而投入巨款作為投資。至於此案審判的結果，一干人犯遭處鞭笞烙印之刑，並且被放逐國外。

《黑母雞》的特色

 《黑母雞》 ➡️ 1820年於法國出版。

受寶藏獵人喜愛的魔導書。

其內容為？
- 前半部　介紹具有魔法效果的護符與戒指。
- 後半部　能找出寶藏的「黑母雞」製作方法。

《黑母雞》所載護符

《黑母雞》書中介紹有許多此類護符與戒指：

這些文字是用來刻在戒指外側。

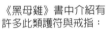

獲得所有女性愛戀與親近的護符與戒指。

可任意進入任何地方而不被人發現、得悉祕密的護符與戒指。

能引發冰雹、雷電、地震等天變地異，藉以破壞一切的護符與戒指。

搜尋黃金的黑母雞

The gold-finding black hen

相傳黑母雞原是屬於瑣羅亞斯德的父親歐洛馬西斯所有，是從徹底被洗腦成黑色且毫無瑕疵的雞蛋中誕生出來的。

●從洗腦成黑色的雞蛋中孵化的黑母雞

魔導書《黑母雞》（請參照P.144）內容介紹到如何培育憑著本能找出黃金與財寶之黑母雞的魔法，乃是眾多能使人輕鬆致富的魔法之一。

據其記載，瑣羅亞斯德（瑣羅亞斯德教的教祖）的父親**歐洛馬西斯**是第一個擁有這種母雞的人。黑母雞的製作方法有二，其一極為困難近乎不可能，其二則較為一般，此處謹介紹較為一般的方法。

施術者首先要拿顆雞蛋對著正午的陽光，檢查這顆蛋沒有半點髒污。然後再選隻羽毛顏色最接近全黑的母雞，倘若裡面摻雜有其他顏色的雞毛，就要把雜色雞毛拔掉。再用黑色頭巾蓋住母雞的頭，讓牠完全看不見東西，此時嘴喙可以不必拘束。接著再把母雞放進以黑色材質製成的大箱子裡，把箱子放在光線照不進來的房間裡，同時不可忘記只有晚間才能餵食飼料。按照上述步驟辦好以後，才開始讓母雞孵卵。千萬注意不可讓母雞因為雜音而受驚。此魔法之成敗就存乎於母雞以及周遭的漆黑。如此將雞蛋徹底洗腦成為黑色，就會孵化出全身漆黑的母雞幼雛。當這雛鳥長成一般大小以後，牠就會憑著本能不斷地找出隱藏的財寶以及黃金。

只不過欲施行此魔法者有個條件，那就是其人必須擁有與此神聖祕法相稱之賢明與德行方可。我等尋常人固然無法讀取他人心中所想，惡魔卻是不同，他們可以完全洞悉施術者心境，並且看穿隱藏的意圖；而惡魔在洞悉施術者心念之後，有時會對人類示好，有時也會拒絕協助。

何謂魔法的黑母雞？

魔法黑母雞 → 擁有發現黃金財寶的能力。

從前瑣羅亞斯德之父歐洛馬西斯亦曾擁有此雞。

黑母雞之製作方法

 搜尋黃金的黑母雞要如此製作：

① 找顆潔淨無瑕的雞蛋。

② 選隻羽毛顏色最接近全黑的母雞。

③ 拔去雜色羽毛。

④ 以黑色頭巾蓋住母雞頭，讓牠在漆黑房間裡孵卵。

⑤ 徹底被洗腦成黑色的雞蛋會孵出全身漆黑的小雞。

⑥ 小雞長成黑母雞以後，就能憑著本能找到黃金財寶。

用語解說

●歐洛馬西斯→傳說中瑣羅亞斯德的父親。他本是古波斯的火之精靈，並且被譽為是最偉大的火精靈，並非真是瑣羅亞斯德的父親。

耶洛姆‧耶薩姆

Eloim Essaim

據說在深夜的十字路口繪製魔法圓、撕裂黑母雞並唱誦此咒文，便會有惡魔現身助人致富。

●以「黑母雞」召喚惡魔

這個日本人亦相當熟知的咒文，乃用於通稱「黑母雞」之魔法的變形版。關於「黑母雞」魔法，魔導書《黑母雞》裡面已經有詳細解說（請參照P.144），那是種製作擁有搜尋黃金財寶特殊本能之黑母雞的魔法。相對地，此處所謂變形版卻是利用黑母雞召喚惡魔，然後才借助惡魔的力量獲取黃金財寶，特別版《大奧義書》載有相關說明，其方法如下：

首先取得從未與公雞交尾*、從未產過卵的黑母雞，不過必須注意的是，捕捉母雞時不可使其啼叫，是以必須趁母雞在睡眠中捉住雞頭。施術者接著要拎著母雞走上寬廣的大街，來到與其他道路交叉的十字路口。夜半時分以柏樹製成的木棒繪製魔法圓、立於其中，徒手將母雞撕成兩半，然後重覆唱誦三次曰「耶洛姆‧耶薩姆，我求我訴。」

接著面向東方跪下唱禱咒文，以偉大的名字結束唱禱，如此惡魔就會出現。那惡魔身穿朱紅色外套、黃色背心以及淡綠色及膝短褲。他長得副狗頭驢耳的模樣，頭頂長著兩隻角，底下則是牛犢的腳。惡魔會詢問施術者有何願望，施術者只要將願望托盤說出即可，惡魔只能遵從，而施術者當場便可變成巨富、得到最高的幸福。

然則欲使此魔法成功卻有條件，施術者的靈魂必須具備瞑想及奉獻之特質，同時還必須擁有清澈的意識，否則遑論命令惡魔，施術者反而要受到惡魔控制命令。

---

* 交尾：請參照P.227注釋附錄No.048＊1。

何謂耶洛姆‧耶薩姆？

| 耶洛姆‧耶薩姆 | → | 以「黑母雞」魔法召喚惡魔以獲得財寶的咒文。 |

耶洛姆‧耶薩姆咒文的使用方法

此咒文所須「黑母雞」魔法乃如下執行。屆時將有惡魔如右圖般出現，告知財寶的埋藏處。

現身的惡魔

① 找隻從未與公雞交尾、從未產卵的黑母雞。

② 帶著母雞走上大街，來到第一個十字路口。

③ 於十字路口繪製魔法圓，將母雞撕成兩半唱誦咒文：「耶洛姆‧耶薩姆，我求我訴。」此時惡魔就會出現。

耶洛姆‧耶薩姆，我求我訴。

《細說神祕哲學》

Da occulta philosophia

《細說神祕哲學》乃文藝復興時代講述自然魔法之代表作，儘管它與一般魔導書非屬同類，卻也對魔導書的魔法造成了莫大的影響。

●介於自然魔法與黑魔法間的魔法書

《細說神祕哲學》乃文藝復興時代最重要的魔法師海因利・科內利烏斯・阿古利巴（1486～1535）[1]，通稱阿古利巴著作的自然魔法作品。所謂自然魔法便是種考察創造世界的神力是以何種形式影響人類世界的學問，所以自然魔法絕非邪惡的魔法，而是就連中世時期的基督教會亦表認同的魔法。

是故，《細說神祕哲學》在今日往往不被劃入魔導書部類。可是這本書跟魔導書的魔法——亦即操縱惡魔的黑魔法——在原理上卻有難以區分之處，並且對後世魔導書造成了莫大的影響。此外，就連作者阿古利巴本身也因為寫下這本書而遭誤解為與惡魔簽有契約的黑魔法師。阿古利巴飼有一頭黑犬，經常隨身帶著牠同行，以致眾人相信那隻黑犬便是惡魔變成的魔寵[2]。光就這點而論，則《細說神祕哲學》之定位幾乎與其他魔導書無異。

此書寫的是類似於《皮卡特里斯》（請參照P.016）的星辰魔法相關內容。換言之，《細說神祕哲學》說的是天界有無數天使與惡靈，而神的力量乃是透過這些靈體影響物質界。除此之外，此書也有使用到喀巴拉和占數術[3]，並主張可以透過與天使對話的儀式或者喀巴拉儀式得到神的恩惠。

根據阿古利巴表示，此書之目的在於召喚善靈、擊敗惡靈，但這只不過是表面的說法，書裡說真正的宗教與邪惡的魔法兩者原理是完全相同的。此書之所以會被視為邪書，或許可以說正是因為此等性質所致。

《細說神祕哲學》的特色

《細說神祕哲學》 → 阿古利巴的代表作。

自然魔法之書，但對魔導書亦有很大影響。

其內容為？

第1章 論行星之影響力、物質與天使的關係等等自然界的魔法力量。

第2章 論世界之根源——數學的力量（占數術）。

第3章 論融合喀巴拉力量的儀式魔法。

《細說神祕哲學》的原理

叡智界神的力量乃以宇宙精氣為媒體先傳達至星辰界的天使及繁星，接著再傳遞至物質界。是故，只要能正確地操作星辰界的存在及親和性物質，便能召喚運用高等的神力。

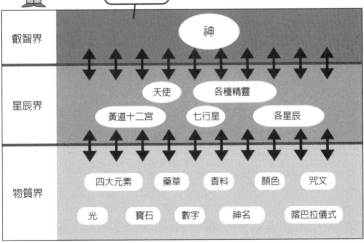

宇宙精氣

| 叡智界 | 神 |

星辰界：天使　各種精靈　黃道十二宮　七行星　各星辰

物質界：四大元素　藥草　香料　顏色　咒文　光　寶石　數字　神名　喀巴拉儀式

《細說神祕哲學 第四書》

The Fourth Book of Occult Philosophy

此魔導書乃是以文藝復興時代最偉大魔法師阿古利巴之名發表的《細說神祕哲學》續集，其中記載有如何從事儀式魔法的具體方法。

●果真是文藝復興時期神祕學界巨匠阿古利巴著作嗎？

　　《細說神祕哲學 第四書》（1559年）是部因爲冠名阿古利巴[*1]而特別受矚目的魔導書。

　　海因利・科內利烏斯・阿古利巴（1486～1535）乃以著作共三卷的《細說神祕哲學》並且對後世歐洲神祕學界造成莫大影響而爲世所知，是文藝復興時期的神祕學家代表人物；《細說神祕哲學 第四書》卻將阿古利巴在《細說神祕哲學》裡面都未曾提及的具體儀式魔法都記載了下來，想當然爾這部魔導書自然是大受矚目。

　　只不過這本書果眞是阿古利巴著作嗎？一般對此多持懷疑看法，因爲就連阿古利巴的弟子、同時也是《惡魔的僞王國》作者的約翰・韋爾都曾批判此作品爲膺作。其次，此書發表於阿古利巴過世30年後的1559年亦是另一疑點。不過著名的魔法師**偉特**卻說並無理由可以否定此書本身並非阿古利巴著作。

　　《細說神祕哲學 第四書》是本很小的書，說明也相當簡略，其中泛論儀式魔法之基礎如下：

　　所謂儀式魔法之基礎包括——得知七行星天使與惡魔名字的方法。得知天使與惡魔符號的方法。各行星天使與惡魔之外觀特徵（請參照P.154）。星陣圖與印記的製作方法、使用方法、效能。道具與場所的聖別[*2]方法。天使與惡魔的召喚方法。場地準備以及其他事項的準備方法。祭壇與雷曼（魔法用墜飾）的製作方法。召喚眾靈的簡略方法。論靈的托夢。遣走眾靈的方法。面對眾靈的其他對應方法。降靈術（死靈術）的方法——等內容。

偽阿古利巴的魔導書

《細說神祕哲學 第四書》 ➡ 以巨匠阿古利巴之名發表的魔導書，作者不詳。

內容講述《細說神祕哲學》本身未曾提及的具體儀式魔法。

《細說神祕哲學 第四書》的內容

《細說神祕哲學 第四書》主題大致如下：

《細說神祕哲學 第四書》

分屬各行星之天使與惡魔之外觀特徵。

道具與場所的聖別方法。

得知分屬於七行星之天使與惡魔名字的方法。

天使與惡魔的召喚方法。

遣走眾靈的方法。

得知天使與惡魔符號的方法。

星陣圖與印記的製作方法、使用方法、效能。

祭壇與雷曼（魔法用墜飾）的製作方法。

論靈的托夢。

場地準備以及準備其他事項的進行方法。

降靈術（死靈術）的方法。

用語解說

●**偉特**→亞瑟‧愛德華‧偉特（1857～1942）。近代西洋儀式魔法祕密結社‧黃金黎明的魔法師，有許多神祕學論述著作。

各行星的靈

The Spirits of the planets

根據《細說神祕哲學 第四書》記載，土星的靈會以騎著龍的國王模樣出現，木星的靈則是會以拔劍出鞘的國王模樣現身。

●樣貌有如所羅門王72惡魔的各行星神靈

七行星當中所宿靈體會以何種模樣出現呢？僞阿古利巴所著《細說神祕哲學 第四書》（請參照P.152）有以下的說明：

土星諸靈多以騎著龍的長鬚國王、讓僕從攙扶的老太太、豬、龍、貓頭鷹等模樣出現。他們大多身材結實頎長，表情慍怒，有四張臉。

木星諸靈多以手持出鞘長劍騎著公鹿的國王、頭戴花朵月桂冠的女性、公鹿、公牛、孔雀等模樣出現。他們一副對身體很有自信的模樣、中等身材，一舉一動給人恐怖的感覺。不過他們表情柔和，講話也很鄭重。

火星諸靈多以騎著狼的武裝國王、抱著圓盾的女性、公山羊、馬、公鹿、羊毛等模樣現身。他們身材高大、性格易怒，長相醜陋。另外，他們還長有鹿角和獅身鷲的爪子。

太陽諸靈多以騎著獅子的持笏*國王、持笏女王、獅子、公雞、鳥、笏等模樣出現。他們身材幾乎都相當龐大、充滿自信，皮膚金黃臉色紅潤，動作有如閃電一般。

金星諸靈多以騎駱駝的持笏國王、盛裝女性、裸體女性、母山羊、駱駝、鴿子等模樣現身。他們容貌美麗、中等身材，性格友善、表情愉悅，身體是白色或碧綠色，唯上半身爲金色。

水星諸靈多以騎著熊的國王、美麗的少年、手持捲線棒的女性、狗、母熊、喜鵲等模樣現身。他們幾乎都是中等身材，說話親切。

月亮諸靈多以騎著母鹿作射手裝扮的國王、少年、持弓箭的女獵人、母牛、母鹿、鴨子等模樣現身。他們身材幾乎都相當魁梧，臉大禿髮紅眼，牙齒則有如山豬。

154

各行星靈的模樣

行星的靈 ➡ 七行星靈的模樣各有特徵。

根據《細說神祕哲學 第四書》記載，七行星諸靈多以下列模樣出現：

 土星 ➡ 騎著龍的長鬚國王、讓僕從攙扶的老太太、豬、龍、貓頭鷹等模樣。

 木星 ➡ 手持出鞘長劍騎著公鹿的國王、頭戴帶著花朵月桂冠的女性、公鹿、公牛、孔雀等模樣。

 火星 ➡ 騎著狼的武裝國王、抱著圓盾的女性、公山羊、馬、公鹿、羊毛等模樣。

 太陽 ➡ 騎著獅子的持笏國王、持笏女王、獅子、公雞、鳥、笏等模樣。

 金星 ➡ 騎駱駝的持笏國王、盛裝女性、裸體女性、母山羊、駱駝、鴿子等模樣。

 水星 ➡ 騎著熊的國王、美麗的少年、手持捲線棒的女性、狗、母熊、喜鵲等模樣。

 月亮 ➡ 騎著母鹿作射手裝扮的國王、少年、持弓箭的女獵人、母牛、母鹿、鴨子等模樣。

《魔法要素》

Heptameron or Magical Elements

《魔法要素》傳爲中世義大利哲學家阿巴諾的彼得所著，是部記載如何操縱每週七日各天使的魔導書。

●操縱七日天使之魔法入門書

《魔法要素》乃是16世紀後半葉《細說神祕哲學 第四書》（請參照P.152）付印出版時，以其附錄形式爲世所知的小篇幅魔導書。作者名乃是僞稱，冠的是**阿巴諾的彼得**之名。

此書前言如下：「《細說神祕哲學 第四書》雖然寫得懇切鄭重，然其內容多屬泛論、缺乏具體性，似乎較適合通曉魔法的大師閱讀。故此附上《魔法要素》作爲附錄。此書如同魔法的入門書，只須按照內容指示，即便初學者也能執行儀式、召喚精靈。」

換言之，《魔法要素》內容比《細說神祕哲學 第四書》更加具體，是部只須遵從內容所寫便能召喚精靈、專爲初學者著作的魔導書。書名「Heptameron」有「七天」之意，而此書內容亦恰如其名，是部講述如何操縱每週七日各天使的魔導書。

此書內容分成兩個部分：

第一部分說明的是在天使的協助下召喚惡魔麾下空氣精靈的魔法儀式。其中具體記載到執行儀式所須的魔法圓製作方法、星陣圖及服裝相關規定、儀式前的準備、祈請天使協助的咒文、召喚惡魔的方法等。第二部分說明的則是召喚每週各日天使的魔法，並記載有每週各日須用的天使印記、召喚咒文、薰香等事項。除此以外，書中還收錄有各日各時刻的天使名字一覽表。不過，雖然說召喚的是天使，但此書所載魔法之目的包括獲取黃金或寶石、消除他人怨恨、召喚戰爭死亡或疾病、使致戰勝、使貧者出人頭地、獲取女性愛戀等，卻也無異於尋常的魔導書。

《魔法要素》的特色

	教導初學者操縱每週各日天使的魔導書。
《魔法要素》	傳為阿巴諾的彼得所著。
	16世紀後半期出版。

《魔法要素》的內容

《魔法要素》由以下兩個部分構成：

第1部

取得天使協助以召喚空氣精靈（惡魔）之魔法儀式相關說明。

魔法圓製作方法、星陣圖與服裝相關規定。準備。咒文。召喚法等。

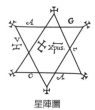

星陣圖　　　　　　　　　　魔法圓

第2部

召喚每週各日天使之魔法相關說明。

天使印記、召喚咒文、薰香相關事項。各日各時刻天使的一覽表等。

週日天使米迦勒的印記　　　　週一天使加百列的印記

用語解說

●**阿巴諾的彼得**→1250～1316年。出身義大利的哲學家、占星術師。學於巴黎並以醫師身分發跡，卻因同儕嫉妒而遭舉發為異端，最後死於行刑日的前一晚。舉發者主張他在瓶子裡飼養有七隻魔寵*。

《遠古魔法阿巴忒爾》

The Arbatel of the Magic

《遠古魔法阿巴忒爾》乃以詳細說明奧林匹亞七精靈的名字符號而聞名，是部迥異於猶太‧基督教傳統的魔導書。

●操縱奧林匹亞精靈的魔導書

《遠古魔法阿巴忒爾》乃是以奧林匹亞精靈（請參照P.160）相關記述而聞名的魔導書。拉丁語版出版於1575年的瑞士巴塞爾*1，作者不詳。

可惜的是，此書如今僅剩部分內容留存。當然也有可能是打從一開始此書內容便僅止於此而已，可是這些剩下來的部分內容卻像是整本書的預告，引人想像這本書極富魅力的全貌。

此書殘存的第1卷題名為「導論」，或作「魔法教則」。這第1卷除介紹整本書的前言以外，還收錄有每章7個格言、總共7章的格言集；根據此書表示，這個格言集的內容是「最通遍的魔法教條」。

其前言記載到此書共分9卷，從第2卷以後應該依序是「小宇宙魔法」、「奧林匹亞魔法」、「赫西奧德*2與荷馬*3魔法」、「西碧*4魔法」、「畢達哥拉斯*5魔法」、「阿波羅尼俄斯*6魔法」、「赫密斯*7魔法」、「預言魔法」。這篇預告的後面則是7章格言集，解說的是上述各種魔法相關概要。其中最常被提及的，當屬講述奧林匹亞魔法的第3章格言集，內中收錄了有關奧林匹亞精靈的記述；這段記述並不長，卻記載到奧林匹亞七精靈的名字、符號與能力等，內容相當豐富。

黃金黎明的魔法師亞瑟‧愛德華‧偉特*8表示此書是部真正超越性的論文，跟危險的黑魔法全無任何關聯。此外他還說到，從各章題名便不難發現，《遠古魔法阿巴忒爾》是部非屬《所羅門王之鑰》系列的魔導書，獨立於猶太‧基督教的傳統之外。

《遠古魔法阿巴忒爾》的特色

| 《遠古魔法阿巴忒爾》 | ➡ | 以奧林匹亞七精靈而聞名的魔導書。 |
| | | 內容非屬猶太‧基督教性質。 |

《遠古魔法阿巴忒爾》的內容

根據第1卷「導論」，《遠古魔法阿巴忒爾》全書應該有以下9卷：

各卷題名	內容解說
導論 （魔法教則）	收錄共49個格言，是就魔法講述的最通遍教條。
小宇宙魔法	論在充滿靈與守護靈的小宇宙（Micro Cosmos）中一種名為魔智的魔法影響力。
奧林匹亞魔法	說明人類該如何驅動奧林匹亞眾精靈、如何接受其恩惠。
赫西奧德與荷馬魔法	講述如何透過跟人類非屬敵對關係、名為惡鬼（Cacodaemon）的眾靈進行魔法儀式。
吉普賽或西碧魔法	針對司掌整個地球的指導靈施行的魔法，是擁有真正價值的魔法。德魯伊 *9 教義講的便也正是此魔法。
畢達哥拉斯魔法	唯有跟具備物理、藥學、數學、鍊金術等技藝的眾靈合作方能完成的魔法。
阿波羅尼俄斯魔法	跟吉普賽魔法以及小宇宙魔法相當類似的魔法。不同的是，此魔法的對象乃是與人類相敵對的精靈。
赫密斯魔法	埃及魔法，跟神聖魔法並無太大差異。
預言魔法	純粹只去尋求主話語中的智慧，此即預言魔法。

奧林匹亞精靈

Seven Olympic Spirits

居住於天空繁星之中的奧林匹亞七精靈，每位麾下都是擁有眾多部屬與軍團的君主，七個行星甚至全宇宙均由彼等分而治之。

●行使治下行星力量的天空七精靈

　　所謂奧林匹亞精靈便是統治七行星的七位精靈或者天使。魔導書《遠古魔法阿巴忒爾》（請參照P.158）對彼等有詳細的介紹。據其所載，奧林匹亞精靈居住於天空的繁星之中，他們每位都是擁有眾多麾下與軍團的君主，並且在神的允准下統治支配整個宇宙。他們的工作便是宣告命運，並且在神的允准下行使決定性的魔力。他們的統治力透過各行星及於全宇宙，全宇宙亦因此而劃分為七個統治區域，這七個統治區域又可分為196個奧林匹亞轄區。七精靈名字的阿拉伯語分別是Aratron、Bethor、Phaleg、Och、Haggith、Ophiel、Phul。

　　彼等的統治力與影響力如下：

　　Aratron統治土星與49轄區、Bethor統治木星與42轄區、Phaleg統治火星與35轄區、Och統治太陽與28轄區、Haggith統治金星與21轄區、Ophiel統治水星與14轄區，Phul則是統治月亮與7個轄區。他們行使的魔力便是其統治下行星的力量，就跟占星術中各行星的力量是相同的。

　　只要有堅定的信仰，召喚奧林匹亞精靈其實很簡單。他們會在各自行星掌管的日時出現，若以Aratron為例，便是週六的第1時刻。屆時只要提示神賜予彼等的名字、職役與符號並唱誦咒文，便能將他們召喚出來。其次，整體統治權亦即最高君主權限乃由奧林匹亞七精靈以490年為週期輪流交替；以近期來說，從基督誕生的60年前到西元430年是由Bethor統治，其後Phaleg統治到920年，Och則是統治到1410年，接著就按照先前名字順序輪流掌握統治權。

天空七精靈

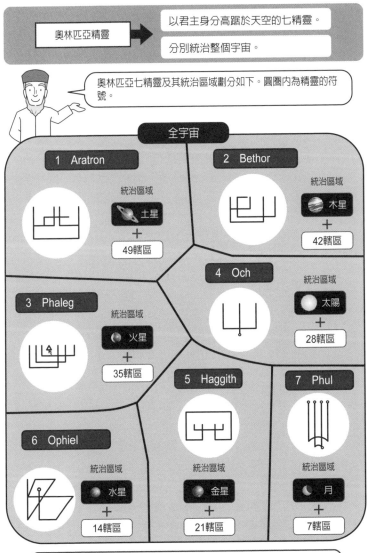

奧林匹亞精靈 ➡ 以君主身分高踞於天空的七精靈。

分別統治整個宇宙。

奧林匹亞七精靈及其統治區域劃分如下。圓圈內為精靈的符號。

全宇宙

1 Aratron

統治區域

🪐 土星
＋
49轄區

2 Bethor

統治區域

🪐 木星
＋
42轄區

3 Phaleg

統治區域

🔴 火星
＋
35轄區

4 Och

統治區域

☀ 太陽
＋
28轄區

5 Haggith

統治區域

🪐 金星
＋
21轄區

6 Ophiel

統治區域

🔵 水星
＋
14轄區

7 Phul

統治區域

🌙 月
＋
7轄區

宇宙最高君主地位乃按照1～7的順序以490年為周期輪流替換。

《地獄的三重脅迫》

The Threefold Coercion of Hell (The Black Raven)

《地獄的三重脅迫》相傳是傳奇人物浮士德博士所著，記載有操縱地獄七大公爵的咒文與印記等內容，尤其在德國特別受到歡迎。

●輕易獲取金銀財寶

《地獄的三重脅迫》據說是那位因為與惡魔梅菲斯特締結契約而聞名的傳奇人物浮士德博士（請參照P.046）著作的其中一部魔法書。此書出版印刷於17～18世紀間，博得頗高人氣。此書初成於何時今已不得而知，不過亦有說法指出此書其實是浮士德傳說背後的史實人物約翰・喬治・浮士德博士所著；若此說法為真，則此書應是初成於1500年前後。此書別名《黑鴉》，這是因為當時德國成版印刷的魔導書往往都附有烏鴉的圖片，故將此類魔導書統稱為「黑鴉」。

《地獄的三重脅迫》題名當中的「脅迫」一詞自古以來一直便是與召喚惡魔頗有淵源的用語，帶有脅迫惡魔之涵意。

魔導書《地獄的三重脅迫》之主題恰如其名，是在於召喚地獄的惡魔令其實現自身願望。為此，魔導書中非但記載了從魔法圓的製作方法到各惡魔專用的印記、咒文等許多內容，同時還收錄有簡單的地獄帝國階級一覽表。此外，供施術者驅動的惡魔便即所謂地獄七大公爵，他們分別是Aziel、Ariel（亞利）[*1]、Marbuel、Mephistopheles（梅菲斯特）[*2]、Barbuel、Aziabel和Anifel。

此書前言如下：

「此乃約翰・浮士德博士的奇蹟魔導書。本人約翰・浮士德博士曾藉此魔導書脅迫地獄眾靈，令其實現我願望，無論金銀財寶或是尋找地下水脈，在這地上沒有辦不到的事，全部都是因為此魔導書而致可能。當然，願望實現後令諸靈安然離開亦屬可能。」

傳奇人物浮士德博士的魔導書

《地獄的三重脅迫》 ➡ 傳奇人物浮士德博士的作品？

實為17～18世紀間德國的魔導書。

號令地獄七大公爵。

七大公爵之特徵及符號

《地獄的三重脅迫》中地獄七大公爵之特徵及符號如下：

Aziel
掌管隱藏於所有土地的寶物。

Ariel *1
掌管地上與地下的一切。

Marbuel
須要幫助可隨時現身相助。

Mephistopheles *2
技藝的司掌者，可使人輕易習得任何技術。

Barbuel
掌管海水與河川，以及其中居住的一切。

Aziabel
掌管法律問題，守護財產、名譽、地位。

Anifel
不明。

《真正奧義書》

Grimorium Verum (or True Grimoire)

按照黃金黎明結社學者Ａ・Ｅ・偉特的分類，這部指導施術者操縱地獄惡魔的《真正奧義書》乃是百分之百的黑魔法魔導書。

●如假包換的黑魔法書籍

《真正奧義書》是部用於操縱惡魔的著作，隸屬於黃金黎明的神祕學家亞瑟・愛德華・偉特[*1]曾經斷言此書百分之百是部屬於黑魔法範疇的魔導書。根據其封面書頁記載，此書乃1517年埃及人阿里貝於孟斐斯[*2]所著，乃傳承自所羅門王，然後世卻研判認為此書乃18世紀羅馬的出版品。

此書由三個部分所構成，第一部分是介紹此書召喚的眾惡魔名及其階級組織。據其所載，統治惡魔界的三大惡魔分別是轄領歐洲與亞洲的路西法、轄領非洲的別西卜，以及轄領美洲的亞斯她錄；三大惡魔之下有18名位列公爵的惡魔，其麾下又有眾多惡魔從屬。此部分亦刊載有三大惡魔專用的魔法圓和印記。

第二部分介紹的是18名公爵惡魔的特殊能力。Clauneck司掌財寶，能為人發現寶物；Frimost司掌女性，能助人獲得女性的愛；Mersilde能使人瞬間移動到任何地方，Frucissiere則是能使死者復活，諸如此類。據說此部分僅僅介紹到18名惡魔的能力，那是因為其下更低等級的眾多惡魔並無能力的緣故。

第三部分是記載具體的儀式程序、三大惡魔的召喚咒文、低位惡魔的召喚咒文、特定目的專用咒文等內容。除上述內容以外，此部分對如何製作儀式用小刀、如何製作羊皮紙、如何祝福鹽巴等諸多魔法道具亦有說明，不過內容差不多等於是《所羅門王之鑰》與《雷蒙蓋頓》（《所羅門王的小鑰匙》）的簡略版。

操縱惡魔的黑魔法書

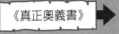《真正奧義書》➡

操縱地獄惡魔的黑魔法魔導書。

相傳此書傳承自所羅門王?!

實為18世紀羅馬的作品。

地獄惡魔的能力

 《真正奧義書》主要運用的是下列位屬公爵的18惡魔:

18公爵	能力
Clauneck	財富的掌管者,能為人找到寶物,並能使人致富。是受路西法喜愛的惡魔。
Musisin	統治眾多偉大的君主,能提供各國發生何事或同盟關係如何等情報。
Bechaud	不明。
Frimost	司掌女性與少女,能使人獲得女性的協助。
Klepoth	能使人看見各種夢境與幻想。
Khil	擁有引起地震之能力。
Mersilde	能使任何人瞬間移動至任何地方。
Clisthert	能隨時任意切換晝與夜。
Sirchade	能展示所有種類的自然界動物以及幻想動物。
Hicpacth	能將身在遠處的人瞬間帶到眼前。
Humots	能將所有想要的書帶到眼前。
Segal	能使各領域的天才出現在眼前。
Frucissiere	能使死者復活。
Guland	能散播所有疾病。
Surgat	能打開所有種類的鎖。
Morail	能使所有物事隱形。
Frutimiere	能準備各種豪華餐點。
Huictiigaras	能使失眠者沉睡。

《亞伯拉梅林的神聖魔法書》

The book of the sacred magic of ABRAMELIN the mage

魔法師亞伯拉梅林乃是透過聖守護天使的力量，始得捨棄魔法圓或惡魔印記不用，單憑排列成方形的拉丁文字來操縱惡魔。

●與聖守護天使對話的重要性高過一切

《亞伯拉梅林的神聖魔法書》應是於17世紀德國所創作的魔導書；當初已有眾多抄本流通，1725年始於科隆[*1]付印出版。此書至今仍然非常有名，黃金黎明魔法師麥達格・瑪瑟斯的貢獻可謂頗大。他研究收藏於巴黎圖書館的魔導書藏書，發現18世紀初的法語抄本，始將此書譯成英語並於1897年出版。

此書所載魔法之特色，便在於以守護天使爲操縱惡魔之最大力量。之所以如此，那是因爲世間所有物事本就是惡魔按照天使指示所創造，是以施術者須得透過與聖守護天使的對話方能喚醒自身神性以號令驅使惡魔。

此書共分三個部分，第一書講的是此書由來及其魔法基礎哲學。據內文記載，14、15世紀有名叫作亞伯拉罕的猶太人周遊各國途中，於埃及遇見名爲亞伯拉梅林的魔法師，並得其傳授此魔法；另外，據說此書起初是以希伯來語寫成，是1458年亞伯拉罕爲方便兒子拉美克閱讀才翻譯成法語的。

第二書最爲重要，講的是在獲得守護天使庇護而得以號令惡魔之前長達半年的準備作業（包括對自己施聖別[*2]、製作魔法道具等）以及爲期七天的天使惡魔召喚儀式。

第三書則是記載召喚惡魔實現願望所須各式各樣的護符。其內容非常獨特，裡面並無其他魔導書那種尋常的魔法圓或印記，全部是由排列於方框之中的拉丁語文字列所構成。

瑪瑟斯發現的魔導書

《亞伯拉梅林的神聖魔法書》 ➡ 成書於17世紀的德國。

發現者為麥達格‧瑪瑟斯。

《亞伯拉梅林的神聖魔法書》的特色

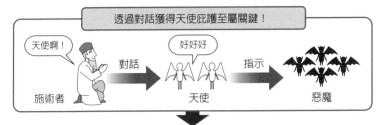

透過對話獲得天使庇護至屬關鍵！

天使啊！

施術者 — 對話 → 好好好 天使 — 指示 → 惡魔

接著召喚位列高階君主的惡魔，命其屬下惡魔發誓效忠。

【惡魔界上級君主】

| 最高君主四惡魔 | = | 路西法 | 利維坦 | 撒旦 | 彼列 |

| 次級君主八惡魔 | = | 亞斯她錄 | 瑪寇特 | 阿斯摩丟斯 | 別西卜 |
| | | 歐連斯 | 派蒙 | 阿利通 | 亞邁蒙 |

★其下有316名可供號令使喚的從屬官（魔寵*³）。

不用魔法圓和印記！

此書使用的是如下排列於四方形内的文字列護符。以此間護符執行儀式便能令惡魔以特定模樣出現。

①以蛇的模樣出現

U	R	I	E	L
R	A	M	I	E
I	M	I	M	I
E	I	M	A	R
L	E	I	R	U

②以動物模樣出現

L	U	C	I	F	E	R
U	N	A	N	I	M	E
C	A	T	O	N	I	F
I	N	O	N	O	N	I
F	I	N	O	T	A	C
E	M	I	N	A	N	U
R	E	F	I	C	U	L

③以人類模樣出現

L	E	V	I	A	T	A	N
E	R	M	O	G	A	S	A
V	M	I	R	T	E	A	T
I	O	R	A	N	T	G	A
A	G	T	N	A	R	O	I
T	A	E	T	R	I	M	V
A	S	A	G	O	M	R	E
N	A	T	A	I	V	E	L

④以鳥的模樣出現

S	A	T	A	N
A	D	A	M	A
T	A	B	A	T
A	M	A	D	A
N	A	T	A	S

《阿爾馬岱的魔導書》

The Grimoire of ARMADEL

《阿爾馬岱的魔導書》是部借天使與惡魔力量製作有益的護符，藉以獲得天使學與惡魔學知識、古代智慧、聖經祕密等智慧的白魔法書。

●視目的製作相對應護符的白魔法書

《阿爾馬岱的魔導書》是部經常被劃分為白魔法的魔導書。此書盛行於17世紀的法國，有法語和拉丁語版抄本。該時代法國的惡魔附身事件發生相當頻繁，致使此類魔導書頗受民眾喜愛。阿爾馬岱此人已完全不可考，不過許多相關書籍均可見其名，已普遍被視為是魔法世界的權威。

《阿爾馬岱的魔導書》是供人視目的製作相對應護符（Talisman）的書籍，書中收錄許多用於繪製護符的印記（Sigil）；欲賦予護符力量，則必須召喚能力與專用印記相對應的天使或惡魔。

然而，此書追求的卻並非其他魔導書所謂發現財寶、獲得名譽之類的低俗目的。召喚天使自然不在話下，即便召喚惡魔同樣也是出自於高尚目的。舉例來說，召喚阿斯摩丟斯與利維坦之用意是要知道惡魔的惡行惡德有多麼恐怖；至於召喚布爾佛爾則是可以得知惡魔的本性本質，以及如何控制惡魔行動的方法；惡魔勞涅則會告訴我們他在被逐出天界後是如何變成惡魔的、當初是如何決定落腳於何處、他們是在亞當受創造後多久被逐出天界的、以及他們是否擁有自我意志等諸事。其他像路西法、別西卜、亞斯她錄則是會說出當初他們反叛的經過。換句話說，按《阿爾馬岱的魔導書》召喚神靈所能得到的便是跟天使與惡魔相關的高等知識，而這大概也就是為何此書會被視為白魔法書的緣故。

《阿爾馬岱的魔導書》與護符

《阿爾馬岱
的魔導書》

運用有益靈力製作護符，並以獲得高等知識為目的之白魔法書。

成書於惡魔附身事件頻繁的17世紀法國。

護符製作方法以及用於各別目的之印記

視目的找出相對應天使‧惡魔的印記。

將印記繪於羊皮紙，製成護符形狀。

召喚天使‧惡魔，為護符賦予力量。

護符的製作程序如左。魔導書中記載有許多供施術者製作護符的印記。

【印記例】

天使然德基爾的印記

能傳授積極的與被動的所有科學。

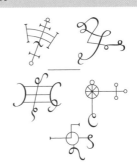

惡魔布爾佛爾的印記

能得知惡魔之本性、拘禁方法。

「黑書」

Svarteboken Black Book

以尋寶為重要主題的「黑書」乃是從前流行於丹麥、瑞典的魔導書統稱，曾經一度廣受教師、聖職者與士兵等階級愛讀。

●來自威登堡*¹的魔導書

　　北歐地區經常會直接引進未經翻譯的德語魔導書，不過18～19世紀的丹麥與瑞典卻也有內容相當獨特的魔導書；這些魔導書一般稱作「黑書」，作者大多都是聖西普里安。

　　「黑書」內容五花八門，其中亦不乏記載護符藥草等根本稱不上是魔導書的作品；不過「黑書」後來卻是與其他國家如出一轍地愈來愈看重尋寶之功用，甚至還有記載惡魔契約的作品出現，譬如19世紀初的魔導書就說欲召喚惡魔，必須每天早晨唱誦曰：

　　「我誓與創造主及聖靈斷絕關係，並且遵從地獄之王路西法。路西法將實現我的願望，我則以自身鮮血作為交換。茲以自身鮮血署名，以為契約憑證。」

　　由於18、19世紀的北歐並無廉價的魔導書，故魔導書之使用者僅限於教師、聖職者、士兵等人物。其中尤以士兵最敢於與惡魔簽約，其目的不外乎是獲得財富以及保護自己不致中彈死亡。

　　「黑書」還經常記載一種使用方法與ABRACADABRA*²相同、名為「KALEMARIS」的護符。

　　儘管對魔導書來說已是屢見不鮮之事，斯堪的那維亞半島的魔導書也往往被指為是與魔法素有淵源之地發行的刊物，只不過這個地方並非羅馬或托萊多*³那般尋常的魔法重鎮；斯堪的那維亞半島的「黑書」大多是以德國的威登堡作為魔導書的發行地，而這威登堡自然便是以浮士德博士曾經於此跟惡魔締結契約而聞名的森林城鎮。

北歐的「黑書」

「黑書」 ➡ 北歐對魔導書的通稱。

往往指為聖西普里安作品。

其內容為？ 與其他魔導書同樣，尋寶是相當重要的元素。

有些內容甚至涵蓋惡魔契約。

北歐的教師、聖職者、士兵等會使用魔導書，最常與惡魔簽約的則是士兵。

這都是為了獲得財富、避免中彈！

❖ 「KALEMARIS」與「ABRACADABRA」護符

KALEMARIS	ABRACADABRA
KALEMARI	ABRACADABR
KALEMAR	ABRACADAB
KALEMA	ABRACADA
KALEM	ABRACAD
KALE	ABRACA
KAL	ABRAC
KA	ABRA
K	ABR
	AB
	A

KALEMARIS護符　　ABRACADABRA護符

　　北歐的魔導書「黑書」當中記載有某種與中世歐洲「ABRACADABRA」類似的「KALEMARIS」護符。這些都是驅逐疾病、不幸與惡靈的護符，使用方法亦同。首先將此二詞分別寫在紙上，向下依序遞減1個字母，寫成逆三角形狀。拿布把紙包起來，綁在脖子附近九天，然後背對東流水從肩膀上方向後投擲，據說如此便能驅逐疾病等噩事。

文藝復興的魔法思想

　　歐洲從14～16世紀的文藝復興時期開始有大量魔導書問世，並廣泛受到民眾利用。

　　這是因為此時代的歐洲人大多都相信天空中有精靈存在、宇宙是有生命的有機統一體而且其神祕影響可及於各個角落等魔法思想。

　　此處先就這個時代歐洲流行的靈思想、魔法思想作個簡單的解說。

　　這種魔法思想世稱新柏拉圖主義[*1]，乃受古代地中海周邊地區流行的赫密斯主義[*2]、諾斯替教[*3]影響而形成。

　　此思想認為早在世界初創始時，原初宇宙裡原本只有神這個唯一的存在；後來從神的身上流溢出散發著耀眼光芒的靈，然後這個靈才創造了我等人類居住的宇宙（太陽系）。也就是說，存在於這個宇宙的一切都是由唯一神流溢出的靈所構成的。

　　如此形成的宇宙是個地動說的宇宙，受空氣層包圍的地球位於正中央，其外是太陽、月亮、火星、水星、木星、金星和土星這七個行星存在運行的七層天，七層天之外則是無數不動恆星的第八層天。這便是人類所居宇宙的基本構造，至於第八層天之外自然就是神存在的世界。

　　然則此思想有個重點，那就是它認為整個宇宙就是個由神流溢出的靈構成的單一有機體；換句話說，整個宇宙就像一個動物；既然宇宙是一個動物，那麼無論身體的各部位相距有多麼遙遠，其間都有必然的關聯性存在才是。照這樣想，則天體這個大宇宙（Macro Cosmos）和地球抑或人類等小宇宙（Micro Cosmos）雙方面之間就會擁有完全的對應關係成立。也就是說在這個宇宙之中，天體（靈）的力量將會大大地影響到地球抑或人類。

　　這種思想先是從地中海世界傳入阿拉伯世界，然後再透過《皮卡特里斯》[*4]等魔法書再度進入歐洲，以至後來成為文藝復興時期眾多知識份子信仰的思想。正因為如此，這個時代的所有魔法類別活動才會愈顯真實，也才會不斷有魔導書的陸續問世。

[*1] 新柏拉圖主義：請參照P.227注釋附錄No.049 *1。
[*2] 赫密斯主義：請參照P.227注釋附錄專欄 *2。
[*3] 諾斯替教：請參照P.227注釋附錄專欄 *1。
[*4] 《皮卡特里斯》：請參照P.016內文。

第 4 章
現代的魔導書

新時代的魔導書

Modern Grimoires

近代以後的魔法世界有新浪潮誕生，使得魔導書的內容由通俗愈趨高級。

● **魔導書的演變以及虛構的魔導書**

　　魔導書於文藝復興時期至近代初期的歐洲大為風行，及至17、18世紀已然變得非常大眾普及化。

　　然則在這個過程當中魔法世界卻又掀起新的浪潮，那便是回歸文藝復興時期知識份子間流行的高等魔法、使致復活的運動。這個運動是要對抗合理主義和物質主義，使過去的神祕主義得到復活，其精神亦可見於薔薇十字團[*1]和共濟會[*2]。然而，對高等魔法的復活造成最大影響的，卻是1810年生於巴黎的伊利法斯・利未；因為利未的出現，才有19世紀後半的黃金黎明以繼承其思想之形式成立，也才有後來麥逵格・瑪瑟斯和亞雷斯特・克羅利之流的魔法師發光發熱。

　　此思潮連帶使魔導書也發生了變化；原本魔導書中召喚惡魔以尋找寶藏的通俗儀式，轉而變成了為與唯一神合為一體而從事的高尚儀式，而這些魔導書和魔法也都彷彿獲得了新生命似地傳承直至現代。

　　現代的魔法運動亦深受其影響，譬如創設惡魔教會的安東・桑德・拉維、創立女巫崇拜的傑若德・伽納等，就都是受到了亞雷斯特・克羅利的影響。

　　除此以外，20世紀以後又另有前所未見的全新型式魔導書問世，他們在幻想文學的世界裡吸納魔法的傳統，從而創造出虛構的魔導書。其中最有名的當屬洛夫克萊夫特所創克蘇魯神話中提及的《死靈之書》，其受歡迎程度甚至超過了真實的魔導書。

魔導書與魔法的變化

| 魔導書的內容 | ➡ | 19世紀發生極大變化。 |

變化前

魔導書的大眾化

以尋寶、獲得異性等低俗魔法為目的。

變化後

魔導書的高級化

以與神合一的高級魔法為目的。

> 如下圖所示,使高等魔法復活的思潮運動也影響到了現代魔法,而魔導書亦因此獲得了新的生命,得以存續。

薔薇十字團

共濟會

➡ 伊利法斯‧利未

⬇

黃金黎明

麥達格‧瑪瑟斯
亞雷斯特‧克羅利

女巫崇拜

傑若德‧伽納

惡魔教會

安東‧桑德‧拉維

> 20世紀還有洛夫克萊夫特《死靈之書》等虛構魔導書出現,大受歡迎。

伊利法斯・利未

Eliphas Levi

信奉高等魔法的伊利法斯・利未其思想乃透過其畢生傑作《高等魔法之教理與祭儀》受到近代眾多魔法師近乎狂熱的吸收接納。

●於高等魔法復活過程中燦燦然散發光芒

伊利法斯・利未（1810～1875）乃近代高等魔法復活過程中最具影響力的人物。

伊利未斯・利未本名艾方索・路易・康士坦（Alfonso Lui Constans），是巴黎貧窮鞋匠之子。他自幼接受成為天主教司祭的養成教育，甚至還曾受任命為助祭，豈料他卻在升任司祭的授聖職按手禮前夕逃離了神學校。其後他一面以教師、左翼政治記者等職維生，一面學習魔法。他研讀斯維登堡[*1]、雅各・伯麥[*2]、聖馬丁[*3]作品，研究喀巴拉，對帕拉塞爾蘇斯[*4]等人物深懷敬意。其後於1856年發表畢生傑作《高等魔法之教理與祭儀》，使次世代魔法師為之風靡。

利未以喀巴拉思想與塔羅牌作為魔法的基礎，輔之以當時最新的「催眠術」與「動物磁氣」嶄新概念。他認為「動物磁氣」與「星氣光」，亦即當時物理學認為滲透存在於世間萬物之中的「以太[*4]」是相同的物質，結合了催眠理論與星氣體的概念。另外，他又根據催眠理論可以藉精神控制動物磁氣的思想，確信魔法師的意志擁有無限力量，進而致力於連接大宇宙（宇宙）與小宇宙（人類），祈使文藝復興時期魔法主張的古老赫密斯學傳統得以復活。

如此信奉正統高等魔法的利未，對召喚惡魔、使死者亡靈復活的黑魔法甚是厭惡。他認為那些惡名昭彰的《小阿爾伯特》、《大奧義書》、《教皇洪諾留的魔導書》等都是犯罪的魔導書，可是《所羅門王之鑰》卻又是少數利未認為是貨真價實的魔導書之一。

伊利法斯・利末的思想

| 伊利法斯・利末 | → | 《高等魔法之教理與祭儀》作者。 |
| | | 使近代高等魔法得以復活之關鍵人物。 |

利末的經歷

本名 艾方索・路易・康士坦
（1810～1875）

・巴黎貧窮鞋匠之子。

・受天主教教育，並於25歲受任命為助祭。

・逃出神學校，修習魔法。

・1856年發表《高等魔法之教理與祭儀》。

利末的思想

喀巴拉

催眠術　　動物磁氣

塔羅牌

| 大宇宙（宇宙） | ← 對應關係 → | 小宇宙（人類） |

利末以「喀巴拉思想」與「塔羅牌」作為魔法的基礎，輔以「催眠術」與「動物磁氣」概念，認為魔法師的意志無限，甚至可以影響宇宙。

《高等魔法之教理與祭儀》

Dogme et ritual de la haute magie

《高等魔法之教理與祭儀》是為近代魔法而著作的全新類型魔導書，其思想普遍受到後世代魔法師繼承，留下了莫大的影響。

●令次世代魔法師為之狂熱的傑作

堪稱近代魔法之父的《高等魔法之教理與祭儀》（1856年刊行）乃伊利法斯‧利未代表作，是部極優秀的魔導書。雖然利未亦有其他著作，不過此書於1860年前後擁有極大影響力，其思想亦受到次世代眾多魔法師繼承。

《高等魔法之教理與祭儀》全書是由解說理論的「教理篇」與解說實踐方法的「祭儀篇」兩個部分所構成。

「教理篇」是說明作為魔法作業根基的諸原理‧諸理論，主要是以「喀巴拉思想」與「塔羅牌」為基礎、輔以當時最新的「催眠術」與「動物磁氣」嶄新概念。此外，此部分對魔法師如何操縱充塞自然界的星光能之構造原理亦有說明。

「祭儀篇」則是魔法儀式諸道具的解說，詳細描述到在降靈術、咒文、占術等實際儀式中該如何使用這些道具、該如何實施魔法。

舉例來說，「祭儀篇」就說到五芒星有以下的意涵與力量。

【兩道光芒朝上的「五芒星」象徵「魔宴」＊，僅一道光芒朝上的「五芒星」則是「教世主」之意。】

【古昔魔法師為防止惡靈入侵、防止善靈離開，會在自家門檻畫上「五芒星」印記。其拘束力來自於光芒所指方向。兩道光芒朝向屋外能驅斥惡靈，兩道光芒朝向屋內能將其禁錮，若僅一道光芒朝向屋內則是可以留住善靈。】（生田耕作譯）

＊ 魔宴（Sabbat）：女巫、魔寵、惡靈等為讚頌惡魔而舉行的聚會儀式。此字取自猶太教的安息日（Sabbath），應是基督教為貶低猶太教才會作此稱呼。

新時代的魔導書

《高等魔法之教理與祭儀》 ➡ 伊利法斯‧利末的代表作。

其內容為？

教理篇	藉喀巴拉、塔羅牌、催眠術、動物磁氣等概念說明魔法諸原理‧諸理論。
祭儀篇	解說降靈術、咒術、占術等儀式所須諸道具以及魔法實踐方法。

「祭儀篇」所述五芒星之意涵

舉例來說，「祭儀篇」對五芒星便有以下說明：

象徵救世主
一道光芒朝上

禁錮惡靈
外
一道光芒朝外
門檻

象徵魔宴
兩道光芒朝上

留住善靈、驅逐惡靈
外
兩道光芒朝外
門檻

黃金黎明

The Hermetic Order of the Golden Dawn

黃金黎明是承襲薔薇十字團與共濟會源流之魔法組織，其儀式魔法乃以達成至高的完整性為目標。

●孕育近代魔法之魔法團體

黃金黎明是近代魔法發展史中最具影響力的魔法組織，乃威廉・韋恩・威斯科特、麥逵格・瑪瑟斯、威廉・羅勃特・伍德曼三人1888年設立於倫敦。此三人均為共濟會會員，同時也是英國薔薇十字團的會員，是以黃金黎明亦承襲了共濟會與薔薇十字團之思想源流，同時還受到赫密斯主義[*1]、伊利法斯・利未的著作、埃及魔法等各方面影響。

黃金黎明雖以儀式魔法之實踐為目的，但那並非召喚惡魔尋找寶藏那般低俗的目的；黃金黎明之目標在於達成至高的完整性，並傳授「神祕哲學原理與赫密斯主義魔法」以求達此目標。黃金黎明從某個角度來看可說是間神祕學的學校，會員只要通過試驗便能不斷進階達到更高的位階，所以熱心的會員多忙於研讀學習，還要準備各式各樣的魔法用品和護符以純化、提升自身的靈。

黃金黎明從設立到1890年代中期乃其黃金時期，其間陸續於倫敦、布拉福[*2]、愛丁堡[*3]、巴黎等地設立了神殿。1896年會員人數已達315人，其中亦不乏名人諸如威廉・巴特勒・葉慈[*4]、阿爾傑農・布萊克伍德[*5]、阿瑟・梅琴[*6]、伯蘭・史托克[*7]、愛德華・布爾沃李頓[*8]等著名作家，以及偉特版塔羅牌的製作者A.E.偉特[*9]、被譽為20世紀最偉大魔法師的亞雷斯特・克羅利等人。然則黃金黎明約莫從1900年起便內部紛爭不斷，終於分裂成好幾個教派。

黃金黎明之概要

黃金黎明 ➡ 1888年設立於倫敦。

對近代魔法之發展多有貢獻的魔法結社組織。

黃金黎明的思想

- 埃及魔法
- 赫密斯主義
- 薔薇十字團
- 共濟會
- 伊利法斯‧利末

黃金黎明

➡ 以達成至高的完整性為目的

黃金黎明是以非常高級的魔法為目標。

有名的成員

黃金黎明之中不乏許多作家、魔法師等名人。

設立者	成員
威廉‧韋恩‧威斯科特	威廉‧巴特勒‧葉慈
	阿爾傑農‧布萊克伍德
	阿瑟‧梅琴
麥達格‧瑪瑟斯	伯蘭‧史托克
	愛德華‧布爾沃李頓
	A.E.偉特
威廉‧羅勃特‧伍德曼	亞雷斯特‧克羅利

麥逵格・瑪瑟斯

Macgregor Mathers

黃金黎明的創始成員麥逵格・瑪瑟斯對建構該團體之魔法體系有不可或缺的貢獻，但他卻也因為傲慢而被逐出黃金黎明。

●打造黃金黎明魔法體系的功臣

麥逵格・瑪瑟斯（1854～1918）是為構築黃金黎明魔法理論體系做出極大貢獻的魔法師。此外他還埋首於大英博物館、巴黎兵工廠圖書館涉獵相關資料，將重要魔導書譯成英語出版，是在魔導書歷史中留下了不滅足跡的人物。

瑪瑟斯本名撒母爾・黎德・瑪瑟斯（Samuel Liddell Mathers），1854年出生於倫敦，父親死後移居海岸城鎮波茅斯*。那時附近有位名叫費德烈・霍蘭的共濟會會員，瑪瑟斯因受其影響而為神祕思想著迷，並於1882年與霍蘭一同加入了「英國薔薇十字教會」。後來瑪瑟斯甚至懷抱著自己是蘇格蘭貴族後裔的血統妄想，從此以格連斯特拉伯爵（Count of Glenstra）麥逵格自稱。

1885年喪母後瑪瑟斯移居倫敦，正式執筆展開神祕主義與魔法的相關著作。1887年他發表《褪去面紗的喀巴拉》，1889年出版堪稱決定版的英語版《所羅門王之鑰》，1898年於巴黎兵工廠圖書館發現《亞伯拉梅林的神聖魔法書》希伯來語版、將其譯成英語出版。此外，1903年他又出版了《雷蒙蓋頓》第1章〈哥耶提雅〉的英譯版本。

瑪瑟斯與同志共同創立黃金黎明便是在前述期間的1888年，他很快就成為該結社的三位首領之一，並獨力完成黃金黎明的大半儀式以及教材。但由於性格太過傲慢，使得瑪瑟斯於1900年遭黃金黎明驅逐，結社亦因此分裂；其後瑪瑟斯創立A∴O∴（阿爾法・歐米茄）繼續從事活動，而黃金黎明的再度統一也終究未能實現。

瑪瑟斯的貢獻

麥達格·瑪瑟斯 ➡ 黃金黎明的重要魔法師。

同時亦是著名的魔導書研究者。

瑪瑟斯的經歷

本名 撒母爾·黎德·瑪瑟斯
（1854～1918）

· 從少年時期便著迷於神祕思想。
· 1882年加入「英國薔薇十字教會」。
· 以格連斯特拉伯爵麥達格自稱。

瑪瑟斯的功績

1885年正式展開執筆活動。

1887年	發表自身著作《褪去面紗的喀巴拉》。
1888年	與同伴創設黃金黎明。
1889年	發表《所羅門王之鑰》英譯版。
1898年	將《亞伯拉梅林的神聖魔法書》英譯出版。
1900年	因傲慢遭黃金黎明驅逐，組織分裂。
1903年	將《雷蒙蓋頓》第1章〈哥耶提雅〉英譯出版。

其後創設A∴O∴（阿爾法·歐米茄）繼續活動。

瑪瑟斯不光是黃金黎明的靈魂人物，他在魔導書的歷史中同樣也是個不可或缺的人物。

亞雷斯特‧克羅利

Aleister Crowley

原為瑪瑟斯弟子的克羅利著有《律法之書》與《第四書》等作品，
並且對女巫崇拜、惡魔教會等現代魔法運動造成了莫大的影響。

●對現代魔法運動造成極大影響的魔法師

著有《律法之書》與《第四書》等魔法書的亞雷斯特‧克羅利是20世紀最惡名昭彰的魔法師。克羅利1875年出生於英格蘭瓦立克郡（Warwickshire）雷明頓（Leamington），剛好就是伊利法斯‧利未辭世的那年，於是克羅利便相信自己是利未轉世而來。其父是富裕的釀造業者，還是位嚴格的基督教徒，克羅利卻反抗父親的教育、喜歡與邪惡的人為伍；據說他的母親還曾經說過克羅利便是《啟示錄》所述那頭666[*1]的邪惡的獸。

1898年克羅利離開劍橋大學後立刻加入黃金黎明，成為麥逵格‧瑪瑟斯的忠誠弟子，然而兩人卻於1904年前後開始反目，克羅利也離開了黃金黎明。當時克羅利宣稱瑪瑟斯派遣吸血鬼攻擊自己，而克羅利則是送出別西卜及其麾下49名惡靈襲擊瑪瑟斯，兩者間展開了極為激烈的魔法攻防戰鬥。

克羅利先是於1904年著作《律法之書》、為新宗教**迪拉瑪**建立原理教義，1907年又自創魔法結社銀星（A∴A∴）[*2]，1912年就任德國東方聖殿騎士團（O.T.O.）[*3]的英國分部長，並以性魔法師的身分展開活動。

克羅利最後失去所有財產、成為不幸的流浪者，1947年死於英格蘭，卻在死後獲得了更多的支持者，並且對現代的魔法運動也留下了直接影響，譬如創立女巫崇拜的傑若德‧伽納和惡魔教會的安東‧桑德‧拉維便都繼承了克羅利的精神。

惡名鼎鼎的克羅利

亞雷斯特·克羅利	➤	《律法之書》、《第四書》的作者。
		20世紀惡名鼎鼎的魔法師。
		對女巫崇拜、惡魔教會等影響頗巨。

克羅利的經歷

亞雷斯特·克羅利

1875年	生於英格蘭。
1898年	畢業於劍橋大學。同年加入黃金黎明，成為瑪瑟斯的忠誠弟子從事活動。
1904年	與瑪瑟斯反目，脫離黃金黎明。同年著作《律法之書》，創設新興宗教迪拉瑪。
1907年	設立魔法結社「銀星」（A∴A∴）。
1912年	成為德國的東方聖殿騎士團（O.T.O.）的英國分部長。

其後成為不幸的流浪者，1947年死於英格蘭。

⬇

死後獲得更多的支持

| 女巫崇拜 | 惡魔教會 |
| 傑若德·伽納 | 安東·桑德·拉維 |

亞雷斯特·克羅利之影響力亦及於女巫崇拜、惡魔教會等現代的魔法結社。

用語解說

●迪拉瑪→以「行汝所欲」為根本教義之新宗教，以發現個人真正意志為目標。

《律法之書》

LIBER AL vel LEGIS (THE BOOK OF THE LAW)

迪拉瑪教奉為經典的魔導書《律法之書》乃克羅利以自動筆記寫下守護天使愛華斯所示神諭記錄而成的作品。

●行汝所欲則自成律法

　　《律法之書》是20世紀最惡名昭彰魔法師亞雷斯特·克羅利（請參照P.184）所創宗教迪拉瑪教的經典，也是講述與神一體化魔法的魔導書。按照克羅利自身的說法，那是種「擁有宇宙規模的魔法術式」（摘自《律法之書》解題·植松靖夫譯文）。不過《律法之書》內容滿是各種寓意與象徵，讀來艱澀難解，正如書中第3章第63節寫到「愚者即便閱此《律法之書》及註解必不得理解」。

　　《律法之書》從執筆緣起便已經是神祕萬分。1904年，當時已經離開黃金黎明的克羅利與擁有千里眼能力的妻子蘿絲·凱利（Rose Kelly）正在開羅，某日其妻突然遭神靈附身，要他召喚埃及神話中的神明霍露斯[*1]。克羅利依言執行召喚儀式，召得守護天使**愛華斯**出現，克羅利受神靈附身後便以自動筆記[*2]記下了愛華斯講述的220則神諭。如此寫成的便是《律法之書》，其中也包括著名的「行汝所欲則自成律法」神諭。

　　這樣的一部作品，中傷誹謗當然也很多。不過克羅利的弟子，也就是日後成為魔法結社「東方聖殿騎士團（O.T.O.）」[*3]大師的肯尼斯·葛蘭特曾經指出克羅利《律法之書》等作品所記載眾神「蠻名」及許多神祕儀式都出現在後世的《死靈之書》作品中。這個所謂「蠻名」是由葛蘭特提倡的魔法概念，主張無法發音、唸不出來的神名擁有驚人的魔法威力。倘若真是如此，那就代表《律法之書》對克蘇魯神話的《死靈之書》亦有影響。

何謂《律法之書》？

 何謂《律法之書》？

《律法之書》 ▶ 克羅利所創迪拉瑪教的經典。

與神一體化的魔導書。

《律法之書》的內容

守護天使愛華斯講述的220則神諭。

行汝所欲則自成律法。

據說克羅利是以自動筆記將其
記載下來的。

《律法之書》的缺點

充滿寓意與象徵，艱澀難解。

第3章第63節

愚者即便閱此《律法之書》及
註解必不得理解。

《律法之書》的影響

甚至對克蘇魯神話的《死靈之書》亦有影響。

至少克羅利的第子肯尼斯·葛蘭特是這麼想
的。

用語解說

●愛華斯→所謂將《律法之書》傳予克羅利的守護天使。據說他是埃及神霍露斯
派遣的使者，是眾多「祕密首領」之一。直到現代仍有魔法師喚作「愛華斯」。

No.088

《第四書》

Book Four

魔導書《第四書》是由克羅利的最高傑作〈魔法—理論與實踐〉等四個部分所構成，是部如假包換的高等魔法書。

●除提升自我、與神合為一體以外別無其他

《第四書》是譽爲20世紀最大魔法師的亞雷斯特·克羅利所著魔法書。

提到克羅利，或許大部分人會立刻連想到黑魔法、性魔法之類的，然則此書所載魔法卻是承襲黃金黎明傳統的正統高等魔法。換言之，此書乃以提升自我、與神合一爲目標。

此書由四個部分構成，第1部〈神祕主義〉是「瑜伽」的解說。所謂瑜伽是印度的神祕主義，乃透過瞑想和呼吸法以圖與宇宙合一，克羅利是將瑜伽吸收至西洋魔法體系中並予以理論化。

第2部〈魔法〉是論魔法的實踐儀式，舉出各種魔法道具並具體解說其意義及使用方法。

第3部〈魔法—理論與實踐〉爲魔法的實踐者詳細解說不可不知的重要事項，諸如魔法宇宙論、「聖四文字」的術式、論「袚禊」、論「召喚」等。舉例來說，這第3部裡面有這麼段敘述：「【唯一而至高的儀式】便在於【與守護聖天使知識交涉】之達成。這可以使完人沿垂直線向上提升，稍有偏離垂直線就會傾向黑魔法。除此以外的任何操作均屬黑魔法。」也就是說，克羅利主張與守護天使交涉乃是與神一體化的前提，但有稍許偏離此目的者，那就是黑魔法、就是邪惡的魔法。從這段敘述就應該可以清楚地知道，克羅利的魔法乃是屬於正統的高等魔法。

第4部〈迪拉瑪（法）〉是克羅利所創迪拉瑪教之解說，其中亦述及《律法之書》的內容。

《第四書》概要

《第四書》 ➡ 克羅利所著魔導書。

旨在與神合為一體的高等魔法書。

《第四書》的內容

第1部
〈神祕主義〉 — 就理論面解說透過呼吸‧瞑想法與宇宙合一的印度神祕主義——瑜伽。

第2部
〈魔法〉 — 旨在與神合為一體的高等魔法書。

第3部
〈魔法—理論與實踐〉 — 詳細解說魔法宇宙論、「聖四文字」的術式、論「祓禊」、論「召喚」等施行魔法的重要事項。

第4部
〈迪拉瑪（法）〉 — 克羅利所創迪拉瑪教之解說。

黑魔法（邪惡的魔法）的區別

根據第3部〈魔法—理論與實踐〉的記載，善的魔法（白魔法）與邪惡的魔法（黑魔法）的區別極為分明。

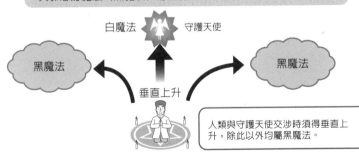

白魔法　守護天使

黑魔法　　黑魔法

垂直上升

人類與守護天使交涉時須得垂直上升，除此以外均屬黑魔法。

用語解說

● 《第四書》 → 《第四書》的第1部、第2部在日本有名為《神祕主義與魔法》的日語譯本，第3部則是有《魔法—理論與實踐》譯作。

《神祕的喀巴拉》

The Mystical Qabalah

《神祕的喀巴拉》是20世紀最偉大的魔法師之一狄昂·福瓊講述如何窮究猶太教喀巴拉奧義「生命之樹」的攻略方法。

●黃金黎明流的喀巴拉魔法書

《神祕的喀巴拉》是20世紀最偉大的魔法師之一狄昂·福瓊寫的魔法書傑作，被譽為是魔法喀巴拉的最佳解說書籍。

其內容是在解說猶太教喀巴拉奧義「生命之樹（Sephiroth）」的攻略方法。

「生命之樹」是由編號1～10的10個球體（Sephira）及連結其間的22條小徑所構成。第1球體「王冠」（Kethe）是宇宙中神的最初顯現、是從神身體流出的神靈，第2球體「智慧」（Chokmah）則是神靈呼出的氣息，如此依序距離神愈來愈遠，最後形成第10球體「王國」（Malkuth），而這便是人類生存的世界。在這當中，喀巴拉術師便是要從「王國」出發，利用這22條小徑習得各球體奧妙，朝全宇宙的最高存在「王冠」前進。換句話說，魔法喀巴拉是從肉眼可見的·物理的現實界出發，途中經過精妙的靈的世界（星光界），最後達致超越前述境界之存在的魔法；它並非只知道一股腦地去追求與究極的絕對者合一，而是種必須不斷提升自我、一一通過各個階段然後才能達到究極境界的精神修行。

只不過，福瓊的魔法喀巴拉跟猶太教的喀巴拉卻也不盡相同。福瓊是承襲黃金黎明源流的魔法師，是以黃金黎明的方式將猶太教的喀巴拉重新詮釋。

然則此書解說相當精彩，甚至福瓊的弟子W.E.巴特勒還曾經說過取得《神祕的喀巴拉》作為教科書並且靈活運用乃是有志於西洋喀巴拉者的至高命令。

《神祕的喀巴拉》概要

《神祕的喀巴拉》 ➡ 狄昂·福瓊的傑作。

魔法喀巴拉的最佳解說書籍。

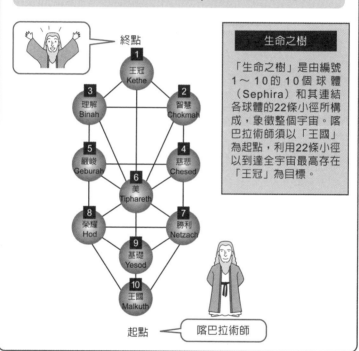

《神祕的喀巴拉》的內容

猶太教喀巴拉奧義「生命之樹（Sephiroth）」的攻略方法。

終點

1 王冠 Kethe

3 理解 Binah

2 智慧 Chokmah

5 嚴峻 Geburah

4 慈悲 Chesed

6 美 Tiphareth

8 榮耀 Hod

7 勝利 Netzach

9 基礎 Yesod

10 王國 Malkuth

起點 ← 喀巴拉術師

生命之樹

「生命之樹」是由編號1～10的10個球體（Sephira）和其連結各球體的22條小徑所構成，象徵整個宇宙。喀巴拉術師須以「王國」為起點，利用22條小徑以到達全宇宙最高存在「王冠」為目標。

《神祕的喀巴拉》說這「生命之樹」是「從肉眼可見的·物理的現實界出發，途中經過精妙的靈的世界（星光界），達致超越存在」的魔法。

191

《影子之書》與新興宗教女巫崇拜

"Book of Shadows" and a new cult, Wicca

新興宗教女巫崇拜的魔導書《影子之書》是崇拜信仰猶太‧基督教問世前諸多古老神祇之巫術實踐手冊。

●記錄自身所學的魔導書

《影子之書》是1950年代誕生於英國的新興宗教**女巫崇拜**（Wicca）的魔導書，是部巫術的實踐手冊。

女巫崇拜的創設者傑若德‧伽納（1884～1964）認為近代初期歐洲那些成為獵女巫對象的人絕非惡魔的崇拜者；他們其實是古代異教的信徒，他們歷經基督教長達數個世紀的迫害存活了下來，傳承古代女巫教團的儀式以及信仰。1939年，伽納在新福雷斯特[*1]發現殘存下來的女巫集團並且入教，那時伽納便得到了一本自己專用的《影子之書》抄本；據說古代異教的儀式便是如此藉由抄本的代代相傳始得以傳諸後世。

然而以上其實是伽納捏造出來的虛構說法，現如今就算女巫崇拜信徒也並不一定相信其所記載的內容確實是從古時代代流傳而來，而且我們還知道第一本《影子之書》其實是伽納的創作。反正重點是，他們所信仰的是古代的異教就是了。

所謂信仰古代異教指的就是崇拜猶太‧基督教以前的古老神祇。今日的女巫崇拜雖有各種不同宗派，不過普遍都重視他們喚作黛安娜[*2]或阿拉迪亞（Aradia）的女神。他們會組成名為女巫團（coven）的13人小團體，由女巫大祭司領導；基本上每人派發一本《影子之書》，起初書中什麼都沒寫，必須要在加入女巫團以後自行將學到的咒文、儀式、歌謠等記錄下來。是故，現在亦有各種不同版本的《影子之書》存在，其中尤以伽納草創女巫崇拜最初期的信徒朵林‧瓦蓮特所著版本最為著名。

女巫崇拜與《影子之書》

《影子之書》　➡️　女巫崇拜（Wicca）的實踐手冊。

何謂女巫崇拜？

傳承古代女巫教團儀式及信仰的女巫集團。

崇拜猶太‧基督教以前的古老神祇。

重視女神黛安娜或阿拉迪亞。

以名為女巫團的小團體從事活動。

《影子之書》　新人

入會以後會分發空白的《影子之書》，信徒須於接受女巫團教義的同時自行將其記錄下來，完成《影子之書》。

《影子之書》便如此代代相傳，使古代信仰得以流傳至今。然則所謂女巫崇拜其實是傑若德‧伽納於1950年代創立的新興宗教。

用語解說

●**女巫崇拜**→信徒之中有男有女。

瓦蓮特的《影子之書》

"Book of Shadows" By Doreen Valiente

伽納愛徒瓦蓮特公開原屬祕密的《影子之書》，將女巫崇拜的七個儀式公諸於世。

●儲蓄宇宙能量的魔法圓

朵林・瓦蓮特（生年不詳～1999）是伽納創設女巫崇拜當初的開宗信徒，是名女巫。她詩才洋溢，對伽納創造的女巫崇拜魔法實踐手冊——魔導書《影子之書》的發展亦有莫大貢獻。

瓦蓮特公開自己的那本《影子之書》是1978年的事情。女巫崇拜中的《影子之書》原屬個人祕密、不應公開，但據說伽納死後卻有人散播自行修改的女巫崇拜儀式；為杜絕此類贋貨，身為伽納愛徒的瓦蓮特才決定將自己的《影子之書》公開。

瓦蓮特在這部《影子之書》當中記載到巫術崇拜的七項基礎儀式，即魔法圓的設定儀式、自我入信儀式、聖別*¹儀式、滿月女巫會*²儀式、魔宴*³儀式、女巫團入信儀式、女巫團的咒文。另外，書中也收錄有上述儀式所須的七芒星、安德烈的魯納文字*⁴、繩索咒、召喚月亮女神、召喚角神、歌謠與舞蹈等相關說明。

女巫便是要透過這些魔法儀式實現自身願望，不過筆者必須強調的是，這些願望絕非邪惡，因為彼等的最大願望便是要與自然、宇宙合為一體。儘管他們會在各種儀式中使用魔法圓，但這些魔法圓並非是要保護自己免受惡魔侵害；對女巫來說，魔法圓是宇宙能量集中的聚集處，作用就跟巨石陣*⁵差不多，而這也就是為何女巫會拒絕令人類與自然對立的猶太・基督教、崇拜古代異教神明的原因。

瓦蓮特《影子之書》的內容

朵林・瓦蓮特 ▸ 伽納的愛徒。

1978年公開自己的《影子之書》。

瓦蓮特《影子之書》的內容

巫術崇拜七個基本儀式的解說

魔法圓的設定儀式　自我入信儀式

聖別儀式

滿月女巫會儀式

魔宴儀式

女巫團入信儀式

女巫團咒文

上述儀式用到的七芒星、安德烈的魯納文字、繩索咒、召喚月亮女神、召喚角神、歌謠與舞蹈等相關說明。

女巫的目的是？

與自然、宇宙合為一體！

女巫欲藉此實現自身願望，不過這些願望絕非邪惡。

用語解說

●《影子之書》→收錄於瓦蓮特所著《女巫聖經》（國書刊行會出版）。

No.092

《撒旦聖經》

The Satanic Bible

惡魔教會的魔導書《撒旦聖經》崇拜的撒旦（惡魔）並非單純的撒旦，而是遭基督教或社會權威否定諸存在的象徵。

●否定基督教形式惡魔的惡魔崇拜

《撒旦聖經》乃安東·桑德·拉維（1930～1997）於1969年所著、翌年出版即大為暢銷的魔導書。本名霍華·史丹頓·李維的拉維出生於芝加哥，高中輟學後一面在夜店彈奏風琴為生，一面學習神祕學知識，至1960年代已經成為舊金山的著名黑魔法師，並於1966年設立「Church of Satan」（惡魔教會）；拉維為惡魔教會匯整自身思想及信念所寫成的，便是這部《撒旦聖經》。

然而《撒旦聖經》卻並非從題名所能想見那般是部惡魔崇拜的作品。關鍵就在於拉維所指撒旦並非基督教的惡魔，而是遭基督教或社會權威否定的諸存在的象徵；拉維反而還否定神靈等超自然存在，所以自然也對一般所謂惡魔持否定態度。

那麼拉維所謂的惡魔又是什麼呢？那是種內蘊於自然之中的隱藏力量，也可以說它就是人類的慾望本身，是以「暴食、色慾、貪婪、悲嘆、暴怒、懶惰、自負、傲慢」的基督教七宗罪都被他視為美德。

可是光是重視人類的慾望並不代表那就是單純的人本主義，因為拉維的惡魔崇拜擁有普通人本主義所無的儀式和教義。

《撒旦聖經》便是針對這些儀式教義以及附屬咒文、道具等相關知識的解說，是以《撒旦聖經》雖然擁有魔導書的形式體裁，其魔法用意卻是要解放人類的慾望，而非召喚惡魔。

惡魔教會與《撒旦聖經》

何謂惡魔教會？

安東‧桑德‧拉維設立於1966年。

崇拜特別的撒旦

人類的慾望

隱藏於自然之中的力量

遭基督教或社會權威否定諸存在的象徵

基督教　　社會權威

惡魔教會是將這些解放人類慾望的力量奉為撒旦崇拜。

不過惡魔教會信仰卻也並非尋常人本主義，仍然擁有儀式和教義。將這些匯整起來便是《撒旦聖經》。

《撒旦聖經》

匯整惡魔教會思想的魔導書。

亦有儀式教義、咒文道具的解說。

《撒旦儀式》

The Satanic Rituals

《撒旦儀式》是《撒旦聖經》的續集，通篇對惡魔教會的九個儀式有詳細解說。

●甚至受到克蘇魯神話影響的真實魔法書

《撒旦儀式》是安東·桑德·拉維以《撒旦聖經》續集於1972年發表的惡魔教會魔導書。此書蒐羅了《撒旦聖經》說明未盡完全的惡魔教會各種儀式，甚至還有「撒旦聖經指南」的副標題。

其內容通篇都與魔法儀式相關，對惡魔教會的九個儀式有詳細說明：第1個儀式題名為「作為心理劇的黑彌撒」、第2個「惡魔的第七證辭」、第3個「梯形的法則」、第4個「禿山之夜」、第5個「火時代的巡禮者」、第6個「洛夫克萊夫特的形而上學」、第7個「惡魔的洗禮」、第8個「窒息空氣之儀式」、第9個「未知的知識」。這些全部都不是個人規模的儀式，而是由少數幾人或多數人團體共同執行的儀式。

一般認為此書擁有諾斯替教[*1]、喀巴拉思想、赫密斯主義[*2]、共濟會思想等思想背景，不過從儀式題名就不難發現，《撒旦儀式》還有個很有趣的特徵便是此書甚至還受到洛夫克萊夫特創作的虛構克蘇魯神話影響。

題名為「洛夫克萊夫特的形而上學」該章節中收錄有名為「9天使的儀式」以及「克蘇魯的呼喚」等儀式，前者「9天使的儀式」便是克蘇魯神話當中所述讚頌遠古種族[*3]的儀式；換句話說，此儀式讚頌的是阿瑟特斯[*4]、奈亞魯法特[*5]、憂戈─索陀斯[*6]、舒伯─尼古拉斯[*7]等克蘇魯神話小說裡的諸神，內文記載參加者踏進將六角形一分為二畫成的魔法梯形並執行儀式之程序，還有獻給諸神的讚頌歌曲。

《撒旦儀式》概要

《撒旦儀式》 → 《撒旦聖經》的續集魔導書。

詳細解說惡魔教會的九個儀式。

九個儀式是指？

惡魔教會的巴弗滅*8
符號

① 作為心理劇的黑彌撒

② 惡魔的第七證辭

③ 梯形的法則

④ 禿山之夜

⑤ 火時代的巡禮者

⑥ 洛夫克萊夫特的形而上學

⑦ 惡魔的洗禮

⑧ 窒息空氣之儀式

⑨ 未知的知識

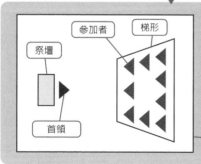

參加者　梯形

祭壇

首領

房間

「洛夫克萊夫特的形而上學」
當中「9天使的儀式」如左圖
所示，是首領和參加者在密閉
房間裡面對面讚頌克蘇魯神話
諸神的儀式。

《撒旦儀式》是部受到虛構克蘇魯神話影響的有趣魔
導書。

虛構的魔導書

Fictional Grimoires

20世紀的魔導書多了《西格桑手抄本》、《死靈之書》等奇幻文學裡的虛構魔導書問世，深受大眾喜愛。

●對現實魔導書亦造成影響的虛構魔導書

20世紀的著名魔導書跟過去的魔導書有著決定性的差異，這個差異就在於奇幻文學所創造出來、存在於作品世界中的虛構魔導書。

此類魔導書起源自小說家W.H.霍吉森（1877～1918）所創《西格桑手抄本》。這是1910年至1914年間霍吉森創作的短篇小說集的主角——幽靈獵人私家偵探湯瑪斯·卡納基經常拿來參考的魔導書，小說中指其為14世紀的作品。這個短篇集裡面還另外有部名叫《薩阿阿瑪阿阿儀式》的魔導書；私家偵探卡納基便是利用這些魔導書使得以免受邪惡靈的侵害，進而解決事件。

1924年則又有史上最著名、影響力最巨的虛構魔導書誕生，那便是小說家霍華·菲力普·洛夫克萊夫特短篇小說《汀達羅斯的魔犬》中登場的《死靈之書》。其後《死靈之書》仍繼續在各種小說中出現，其本質亦漸趨明朗。同一時間，洛夫克萊夫特的作家朋友們又根據他創造的世界觀為基本前提創作出其他小說，使得「克蘇魯神話」這個全屬虛構空想的神話世界不斷擴張。除《死靈之書》之外，又創造出《無名邪教》、《哀邦書》、《妖蟲的祕密》等多部充滿魅力的虛構魔導書。

更有甚者，洛夫克萊夫特假想神話及魔導書造成的影響並不僅限於虛構世界。正如同惡魔教會的魔導書《撒旦儀式》收錄有讚頌克蘇魯神話眾神的儀式般，已經造成了虛構魔導書反而影響到真實魔導書的奇妙現象。

虛構的魔導書

| 魔導書新潮流 | | 奇幻文學登場的虛構魔導書人氣高漲。 |

虛構魔導書的起源

《西格蒙手抄本》　　《薩阿阿瑪阿阿儀式》

小說家W.H.霍吉森短篇集《幽靈獵人卡納基事件簿》當中，私家偵探卡納基用來自保免受邪惡神靈侵害的魔導書。

受歡迎的虛構魔導書

「克蘇魯神話」提及的魔導書

《死靈之書》	《無名邪教》
《哀邦書》	《妖蟲的秘密》
《那卡提克手札》	《拉葉書》
《葛拉奇的啓示》	等

這些都是以霍華・菲利普・洛夫克萊夫特所創世界觀為前提而來的空想神話世界魔導書，記載世界的奧祕以及遠古種族的召喚方法等內容。

這些雖然是虛構的魔導書，但20世紀卻有虛構魔導書影響真實魔導書的現象發生。

《西格桑手抄本》

Sigsand Manuscript

神祕的魔導書《西格桑手抄本》記載了結合防禦恐怖惡靈攻擊的圓形以及五芒星之魔法圖製作方法。

●記載抵禦妖魔方法的魔導書

《西格桑手抄本》是英國小說家W.H.霍吉森（1877～1918）所著短篇集《幽靈獵人卡納基事件簿》當中私家偵探卡納基非常倚重的魔導書。根據小說內容，這部魔導書推測是14世紀的作品，是以古英語寫成的。

卡納基是在系列作品的第2部短篇小說《妖魔的通道（The Gateway of the Monster）》當中首次提到這部魔導書的。故事中，卡納基便曾經參考《西格桑手抄本》製作結界對抗出現在古老宅邸房間中的妖魔，是用粉筆畫出圓周和五芒星圖所製成的。除此之外，卡納基還參考《薩阿阿瑪阿阿儀式》多設了一個結界，他用水在粉筆畫成的圓周內側另外畫了一個圓，然後用許多缺口向外的新月圖形連結這兩個同心圓；卡納基還在新月缺口處各自插上一支蠟燭，並且在五芒星的五個頂點放置用亞麻布包住的麵包塊，接著又在五芒星的夾角處放置五個裝水的壺。又，卡納基甚至還準備了用真空管製成的電子式五芒星，重疊放置於粉筆畫成的五芒星之上。當晚卡納基便是如此方得抵禦以恐怖驚人攻勢來犯的妖魔。

從故事裡我們可以知道，《西格桑手抄本》中記載有如何防禦恐怖惡靈攻擊的方法。另外，從其他則故事也可以知道這部手抄本還有記載到「結界中不可用火」或「繪製結界不可使用太多顏色」等防禦惡靈的注意事項。不過卡納基自己卻幾乎不提這部魔導書，使得這部魔導書的整體形象至今仍然處於團團謎霧之中。

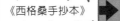

《西格桑手抄本》概要

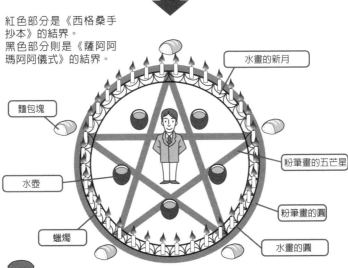

《西格桑手抄本》 ➡ 《幽靈獵人卡納基事件簿》裡的魔導書。

小說裡的《西格桑手抄本》

以古英語寫作的14世紀魔導書

記載如何製作結界以防禦恐怖惡靈攻擊之方法

紅色部分是《西格桑手抄本》的結界。
黑色部分則是《薩阿阿瑪阿阿儀式》的結界。

水畫的新月

麵包塊

粉筆畫的五芒星

水壺

粉筆畫的圓

蠟燭

水畫的圓

私家偵探卡納基便是利用如此複雜的結界抵禦恐怖妖魔的攻擊。

《薩阿阿瑪阿阿儀式》

The Saamaa Ritual

《薩阿阿瑪阿阿儀式》除各式各樣的驅魔印記以外，還記載有驅逐妖魔的最強咒文「不世知最終章」。

●強力咒文「不世知最終章」

《薩阿阿瑪阿阿儀式》是英國小說家W.H.霍吉森（1877～1918）所著短篇集《幽靈獵人卡納基事件簿》當中，受到私家偵探卡納基與《西格桑手抄本》同等倚重的魔導書。

此書與《西格桑手抄本》同樣首次出現於系列作品的第2部短篇小說《妖魔的通道（The Gateway of the Monster）》，卡納基是用它來繪製第2結界、補強《西格桑手抄本》的第1結界（請參照P.202）。又，根據其他短篇亦可得知這本書還另外記載有各式各樣驅魔的印記。

其中威力最強大的似乎是則名為「不世知最終章」的咒文。作品中並未揭露此咒文之具體內容，但短篇小說《吹哨的房間》曾經描述到此咒文救了主角卡納基性命的場面。這件事發生在古老城館的一個房間裡，那是個每到夜裡就會傳來恐怖口哨聲的房間。某夜夜裡卡納基侵入那個房間時，只見牆壁作巨大嘴唇形狀、忽地膨脹並向卡納基襲擊而來；就連卡納基也不禁因為恐怖而瑟縮，此時不知從何傳來了唱誦「不世知最終章」的聲音。究竟是誰唱的咒呢？這個答案直到故事最後仍然是個謎，但卡納基便是因此得以從窗口逃出生天，保住了性命。

儘管《薩阿阿瑪阿阿儀式》時時派上用場，故事卻並未說明這是部什麼樣的書。根據《吹哨的房間》內文，此書據傳是從前施行「拉阿阿耶耶魔法」的反人類宗教僧侶唱誦的經典，但那是什麼宗教、是什麼時代均不得而知，幾乎可以說是一無所知的神祕魔導書。

《薩阿阿瑪阿阿儀式》概要

《薩阿阿瑪阿阿儀式》 ➡ 《幽靈獵人卡納基事件簿》裡的魔導書。

小說裡的《薩阿阿瑪阿阿儀式》

從前使用「拉阿阿耶耶魔法」的反人類宗教僧侶唱誦的經典。

拉阿阿耶耶拉阿阿耶耶拉阿阿耶耶…

※何時的何種宗教均不得而知。

記載有可與《西格桑手抄本》搭配使用的結界。

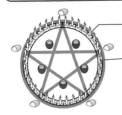

《西格桑手抄本》的結界（紅色）

《薩阿阿瑪阿阿儀式》的結界（黑色）

※詳情請參照P.202。

記載有威力強大的「不世知最終章」咒文。

舔舔～

大嘴從牆壁中襲擊而來的時候，卻是不知從何處傳來的「不世出最終章」咒文救了我。

偵探卡納基

《無名邪教》

Unaussprechlichen Kulten or Nameless Cults

相傳《無名邪教》是遊遍全世界、獲得無數神祕知識的德國作家馮容茲所著，是寫滿令人血液都要結凍的恐怖記述的魔導書。

●內容恐怖到令人血液都要結凍的黑暗魔導書

《無名邪教》是克蘇魯神話體系中的其中一部虛構魔導書，首見於羅伯‧E‧霍華（1906～1936）的短篇小說《夜之末裔》（1931）、《黑石之祕》（1931）。

克蘇魯神話裡是這麼說的：

德國作家馮容茲（1795～1840）將生涯奉獻給被視爲禁忌的諸領域研究，他遊遍全世界、獲得無數的神祕知識，然後寫下了《無名邪教》（通稱《黑色書籍》），並於1839年的杜塞多爾夫*出版了少部厚皮革鐵框裝訂的印刷品。

書中井然有序的章節與無法理解的章節混然並處，其中卻充滿著令每個讀者血液爲之凍結的恐怖記述。此書大半內容是在討論當時黑暗宗教的儀式與咒物，其中也包括了「黑石」的相關記述。這個石碑位於匈牙利山區某個名叫史崔戈伊卡伐的村落附近，是個擁有許多奇怪傳說的玩意兒。

然而此書還另外引發了更加恐怖的事件。出版隔年，作者馮容茲就變成了一具脖子留著巨大爪痕的屍體，陳屍於完全密閉的密室之中。當時他帶著爲這本書準備的進一步詳細手稿，手稿卻被撕碎棄置於陳屍的房間內，就連把這份手稿拼湊起來並且讀過的馮容茲摯友——法國人艾歷塞克斯‧拉迪奧也在放火燒燬這份手稿以後用剃刀割斷喉嚨自盡了。由於這個事件太過出名，使得擁有此書者陷入恐懼、紛紛焚書，所以目前全世界僅剩下極少數完整的《無名邪教》而已。

---

* 杜塞多爾夫（Dusseldorf）：德國西部北萊茵—西伐利亞州首府。該市大部分在萊茵河右岸，位於科隆西北34公里，爲萊茵-魯爾綜合工業區的行政文化中心。

《無名邪教》概要

《無名邪教》 ➡ 「克蘇魯神話」裡的魔導書。

首見於R.E.霍華短篇小說《夜之末裔》、《黑石之祕》。

小說裡的
《無名邪教》

德國作家馮容茲的著作

· 1839年僅印刷出版少部。

· 以厚皮革和鐵框裝訂。

《無名邪教》的內容

· 書中井然有序的章節與無法理解的章節混然並處。

· 充滿令每個讀者血液為之凍結的恐怖記述。

· 大半內容是在討論當時黑暗宗教的儀式與咒物。

·「黑石」相關記述。

恐怖事件如影隨形

· 出版隔年，馮容茲密室遭受殺害。

· 替馮容茲整理手稿的摯友艾歷塞克斯‧拉迪奧離奇自殺。

《哀邦書》

The Book of Eibon

這部極北之地[*]大魔法師哀邦以札思語寫成的魔導書收錄有就連《死靈之書》都沒記載的祕密知識。

●超古代極北之地大陸的魔導書

《哀邦書》是存在於克蘇魯神話世界中的其中一部魔導書，首見於克拉克·艾希頓·史密斯（1893～1961）的短篇小說《烏伯·沙絲拉》（「奇詭故事」1933年7月號），而洛夫克萊夫特的小說也曾經多次提及這部作品。此外，近年以克蘇魯神話研究家羅伯特·M·普萊斯為中心的作家們也正在實際創作《哀邦書》這部作品。

克蘇魯神話當中，《哀邦書》是極北之地的大魔法師哀邦以極北之地的語言札思語寫成的。極北之地是曾經存在於地球最後一次冰河期開始的1個世紀前的極北大陸。大魔法師哀邦住在這大陸北方的穆蘇蘭半島，信奉札特瓜^{*2}；相傳札特瓜是地球誕生不久後從塞克拉諾修星（土星）飛來的神，在極北之地等地區受到廣泛崇拜。

《哀邦書》內容蒐羅超古代的有害神話、儀式、禮拜式、邪惡咒文等，據說裡面還有些就連《死靈之書》都沒記載的祕密知識。此外，此書還收錄有以札特瓜為首、人稱舊日支配者（Great Old One）的諸多神祇相關傳說。

根據近年羅伯特·M·普萊斯等人創作的《哀邦書》，此書是由五個部分構成。第1書是古代魔法師們的故事集，第2書是魔法師哀邦自身逸聞，第3書是舊日諸神的系譜集，第四書是舊日諸神的祈願文集，第5書是舊日諸神的召喚法等，蒐羅了形形色色的哀邦魔法儀式及咒文。

《哀邦書》概要

《哀邦書》

「克蘇魯神話」裡的魔導書。

首見於C.A.史密斯的短篇小說《烏伯・沙絲拉》。

近年作家羅伯特・M・普萊斯等人著手實際創作《哀邦書》。

結構

第1書	古代魔法師的故事集
第2書	魔法師哀邦自身逸聞
第3書	舊日諸神的系譜集
第4書	舊日諸神的祈願文集
第5書	舊日諸神的召喚法等，蒐羅了形形色色的哀邦魔法儀式及咒文。

小說裡的
《哀邦書》

極北之地大陸

魔法師哀邦

- 超古代極北大陸極北之地大魔法師哀邦以札思語寫成。

- 收錄超古代的有害神話、儀式、禮拜式、邪惡咒文等內容。

- 亦收錄有古代諸神祇相關傳說。

《妖蟲的祕密》

Mysteries of the Worm (De Vermis Mysteriis)

《妖蟲的祕密》是因女巫罪名遭處刑的鍊金術師路維克‧普林在獄中寫成的魔導書，內容收錄他從埃及附近地區獲得的禁忌知識。

●召喚外星魔寵的咒文

　　《妖蟲的祕密》是克蘇魯神話當中的一部虛構魔導書，首見於1935年羅伯‧布洛奇的短篇小說《來自星際的怪物》（《The Shambler from the Stars》）。

　　故事裡面說道，寫下《妖蟲的祕密》的是位名叫路維克‧普林的人物。他是傳為第9次十字軍唯一生還者的鍊金術師，1541年以女巫罪名於比利時遭處死刑，這本書是他處刑前夕在獄中寫的。後來這本書被祕密帶出監獄，隔年在德國科隆*僅發行了少部的拉丁語版。一說那是本鐵製封面的黑色大書。《妖蟲的祕密》發行後立刻遭教會立為禁書，總而言之其中一本就出現在舊書店的書架上，就這樣進入了故事的敘述者「我」的手中。

　　此書共分16章，寫的是普林於埃及附近獲得的諸多禁忌知識，還有召喚奇怪諸神的咒文和魔法。除此之外，還有眾蛇之父依格、黑韓、蛇髮拜提斯等世人不知的諸神相關記載。

　　其中有段「提比‧馬古納‧因諾米南杜‧西古納‧斯底拉姆‧尼古拉姆‧艾多‧布法尼佛密斯‧沙多瓜耶‧希基拉姆……」的文字，就是用來召喚星際魔寵的咒文。

　　不過這段咒文還是不要唸為妙。《來自星際的怪物》裡面說「我」的朋友沉迷於解讀此書，一個不小心就把這段咒文唸出聲音來了。突然間就聽見窗外虛空響起哄笑聲，他的身體在空中迸出鮮血、裂成數塊，來自星際的駭人魔寵也果真現身了。

---

*科隆：請參照P.230注釋附錄No.078*1。

《妖蟲的祕密》概要

《妖蟲的祕密》 ➡ 「克蘇魯神話」裡的魔導書。

首見於羅伯‧布洛奇的短篇小說《來自星際的怪物》。

小說裡的
《妖蟲的祕密》

《妖蟲的秘密》裡面寫了什麼？

・作者普林於埃及附近獲得的諸多禁忌知識。

・召喚奇怪諸神的咒文和魔法。

・眾蛇之父依格、黑韓、蛇髮拜提斯等祕密諸神相關記載。

・來自星際魔寵的召喚咒文。

> 提比‧馬古納‧因諾米南杜‧西古納‧斯底拉姆‧尼古拉姆‧艾多‧布法尼佛密斯‧沙多瓜耶‧希基拉姆……

《妖蟲的祕密》

作者路維克‧普林是誰？

・鍊金術師。

・第9次十字軍的唯一生還者。

・1541年以女巫罪名於比利時遭處死刑。

《死靈之書》

Necronomicon

《死靈之書》乃瘋狂詩人阿巴度‧亞爾哈茲瑞德所著禁忌魔導書，內中記載名為舊日支配者之古代神明以及該宗教的諸多祕密儀式。

●克蘇魯神話的最重要禁忌魔導書

《死靈之書》是克蘇魯神話中最重要的禁忌魔導書。首次於小說《汀達羅斯的魔犬》提及這部魔導書的洛夫克萊夫特，後來又多次在自身作品中寫到這本書，並於1927年透過名為《死靈之書的歷史》的短作揭開了這部作品的歷史概要。至於《死靈之書》的內容，洛夫克萊夫特只給了幾個神祕的提示，其他就只能任憑想像了。

不過近年又有《魔導書死靈之書》（喬治‧黑伊著／1978年刊行）或《死靈之書—亞爾哈茲瑞德的流浪》（唐納‧泰森著／2004年刊行）等試圖重現《死靈之書》內容的作品，可供作為想像的參考。

克蘇魯神話說《死靈之書》是西元730年前後由葉門的瘋狂詩人阿巴度‧亞爾哈茲瑞德所著，原題名為《魔聲之書》。亞爾哈茲瑞德在巴比倫廢墟、古埃及首都孟斐斯的地下洞窟以及阿拉伯沙漠住了10年之久終於獲得叡智，並且發現比人類更加古老的種族，從而開始崇拜戈-索陀斯和克蘇魯等一班名為舊日支配者的神明。換句話說，《死靈之書》裡面寫的便是這些神明以及其宗教的祕密儀式。前述的唐納‧泰森則表示此書記載了「棲息於高空天球層彼方生物、失落的都市、遭人類記憶遺忘之地相關報告」、「如何從屍體中召喚死者亡魂、拷問出隱藏於世界根底之祕密的方法」、「如何抑制對人類存續造成威脅、棲息於星球中並擁有恐怖力量之生物的方法」等內容。

《死靈之書》概要

《死靈之書》 ➡️ 「克蘇魯神話」中最重要的禁忌魔導書。

首見於洛夫克萊夫特的短篇小說《汀達羅斯的魔犬》。

神話裡的《死靈之書》

710年前後瘋狂詩人阿巴度‧亞爾哈茲瑞德所著。

憂戈―索陀斯、克蘇魯等名為舊日支配者的古老神明，以及該宗教的祕密儀式。

⬇️

相傳亞爾哈茲瑞德在古代遺跡中住了10年之久，方才獲得了這些智慧。

⬇️

《死靈之書―亞爾哈茲瑞德的流浪》
（唐納‧泰森著 / 2004年刊行）則是說……

《死靈之書》

・棲息於高空天球層彼方生物、失落的都市、遭人類記憶遺忘之地相關報告

・如何從屍體中召喚死者亡魂、拷問出隱藏於世界根底之祕密的方法

・如何抑制對人類存續造成威脅、棲息於星球中並擁有恐怖力量之生物的方法 等

克蘇魯神話每逢新作品問世便會不斷進化。

《伏尼契手稿》

Voynich Manuscript

克蘇魯神話亦曾提及的《伏尼契手稿》是全世界實際存在的作品當中最神祕的一部，自從1969年以後便由耶魯大學收藏保管。

●收藏於耶魯大學的真實神祕作品

　　《伏尼契手稿》是英國作家柯林·威爾森在克蘇魯神話系列小說《賢者之石》、《洛伊加的復活》當中所提到以暗號寫成的《死靈之書》手抄本。

　　此處提到的《伏尼契手稿》其實是篇譽為「全世界最神祕的書冊」且實際存在的手稿。因為它太過神祕，所以就連寫些什麼都搞不清楚，不過克蘇魯神話的作家們可能也受到了這部作品的刺激影響。

　　此事發生在1912年：波蘭的革命家維佛·麥克·伏尼契被放逐至西伯利亞以後來到歐洲成為書籍商人，並且在羅馬近郊一個屬於耶穌會系統的城鎮發現了一本裝在木箱中的神奇書本。那是本共約230頁的手稿，密密麻麻寫滿了從沒看過的文字、裸體女性沐浴的插畫和許多看似藥草的植物插畫。

　　這便是後世稱為《伏尼契手稿》的神祕書冊，伏尼契認為這是13世紀的作品，應是大阿爾伯特[*1]或者羅傑·培根[*2]的作品。他確信這本書曾經一度成為約翰·迪[*3]的藏書，後來讓給了魯道夫二世[*4]。伏尼契請專家鑑定過後，便以16萬美金的價格求售，可是這本手稿實在謎團重重，結果找不到買家，1969年以後交耶魯大學保管，如今仍然可供眾人閱覽。其內容直到現在還沒有被解讀出來，亦有說法認為此手稿可能是愛德華·凱利[*5]為誆騙約翰·迪而偽造出來的。

《伏尼契手稿》概要

《伏尼契手稿》 ➡

- 克蘇魯神話提及的魔導書。
- 作者柯林‧威爾森於小說《賢者之石》、《洛伊加的復活》中提及此書。
- 實為實際存在的書稿。

實際存在的《伏尼契手稿》的傳說

- 1912年書籍商人W.M.伏尼契發現於羅馬近郊城鎮。

- 全書共約230頁的手稿。

- 記載從未見過的文字、裸體女性沐浴插畫、許多看似藥草的植物插畫等內容。

- 一說是愛德華‧凱利為詆騙約翰‧迪而偽造的書稿。

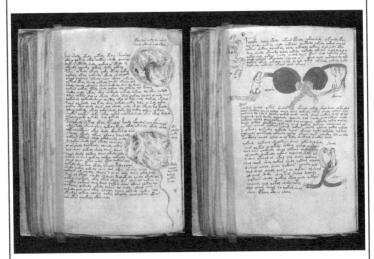

耶魯大學所藏手稿本的部分書頁

所羅門王
星陣圖一覽

以下列舉《所羅門王之鑰》所載44個星陣圖。這些星陣圖在《所羅門王之鑰》的魔法當中扮演著相當重要的角色。關於星陣圖的詳細解說、製作方法請參照第2章的No.037與No.038兩節。又，以下說明乃是以《The Key of Solomon the King (Clavicula Salomonis)》（S. L. MACGREGOR MATHERS英譯／WEISER BOOKS）為依據。

土星
第1星陣圖

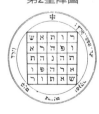

使靈恐怖畏懼的星陣圖。出示此圖則靈就會屈服，只要對著此圖跪拜祈禱便能使靈服從。

土星
第2星陣圖

適合於對敵時使用的星陣圖。尤其能在遭遇傲慢的靈之際挫其銳氣。

土星
第3星陣圖

夜間召喚土星精靈派得上用場的星陣圖。不過此星陣圖必須在魔法圓當中製作。

土星
第4星陣圖

主要用於招致荒廢‧破壞‧死亡的魔法。又，倘若藉此星陣圖從南方召喚精靈，那麼靈就會帶來重要的情報。

土星
第5星陣圖

此星陣圖能保護夜間召喚土星精靈的施術者，還可用來驅逐看守財寶的靈。

土星
第6星陣圖

這是用來記載象徵周圍敵對者名字的星陣圖。只須唱誦其名，敵對者就會遭惡魔附身。

土星
第7星陣圖

此星陣圖記載的眾天使擁有震動宇宙之力，加以運用便能引起地震。

木星
第4星陣圖

獲得財富和名譽、建立財產的星陣圖。須於屬木星的日時取銀板篆刻天使巴列之名製作。

木星
第1星陣圖

此星陣圖用於召喚木星精靈，尤其是名字記載於星陣圖周圍的靈，其中包括掌管寶物的天使帕拉歇爾，他會告訴施術者獲得寶物的方法。

木星
第5星陣圖

此星陣圖擁有強大力量，能以特別的幻影帶來啟示。《創世紀》中族長雅各便是因為此星陣圖的力量方才看見了連接天國的梯子。

木星
第2星陣圖

能助人在獲得心裡平安的同時得到榮耀、名譽、威嚴、財富等美好事物的星陣圖。須以燕毛筆書寫處女羊皮紙製成。

木星
第6星陣圖

對此星陣圖表示敬意，並重複唱誦周圍所刻詩句「是故，汝將不死」便能免於地上的一切危險。

木星
第3星陣圖

保護召喚精靈者的星陣圖。只須在靈現身以後出示此星陣圖，靈就會立刻服從。

木星
第7星陣圖

重複唱誦此星陣圖所寫詩句（《詩篇》第113篇第7節）便可不致貧困。還能驅逐看守寶物的靈、獲得寶物。

火星
第1星陣圖

能召喚此星陣圖上面刻的四名火星精靈：馬迪蔑爾、巴札捣姆、艾協爾和伊修列爾。

火星
第5星陣圖

以處女羊皮紙繪此星陣圖便能使惡靈服從。此星陣圖對惡靈來說便是如此無法抵抗的恐怖。

火星
第2星陣圖

覆蓋於患部便能治療疾病或傷口的星陣圖。周圍刻有約翰福音第1章第4節的「生命在他裡頭，這生命就是人的光」字句。

火星
第6星陣圖

偉大防禦力的星陣圖。持此圖者無論受到何等襲擊都不會受傷，甚至敵人還會被自身武器所傷。

火星
第3星陣圖

能引起戰爭、憤怒、不和與敵對心的星陣圖，同時也擁有能使反叛諸靈畏懼的力量。刻有全能神的各種名字。

火星
第7星陣圖

須召喚火星精靈並於屬火星日時取處女羊皮紙與蝙蝠血繪製。出示此圖便能轉眼召來冰雹與狂風。

火星
第4星陣圖

擁有戰爭中偉大美德與力量的星陣圖。是以持此星陣圖與人戰爭是必勝無疑。

太陽
第1星陣圖

此星陣圖繪有全能神沙代容貌。出示此圖便能使所有生物服從，使眾天使畢恭畢敬地行跪拜禮。

太陽
第2星陣圖

太陽精靈本性極為傲氣高慢，不過此星陣圖和其他太陽星陣圖都擁有抑制這些精靈自尊心與傲慢的力量。

太陽
第6星陣圖

正確製作此星陣圖便能擁有隱形能力。

太陽
第3星陣圖

寫有12個聖四文字泰特拉格拉瑪頓。配合太陽第1、第2星陣圖使用，便能賦予人獲得王國或帝國、名聲與榮耀的力量。

太陽
第7星陣圖

即便被關進牢獄、銬上腳鐐，只要使用這個於太陽日時以黃金雕刻而成的星陣圖便能立刻獲釋，變成自由之身。

太陽
第4星陣圖

能使肉眼看不見的諸靈現出形狀。將星陣圖從包裹布中取出的瞬間，就可以看見他們。

金星
第1星陣圖

此星陣圖寫有諾伽希爾、阿切利亞、索柯迪亞、南伽列四名天使的名字，能對金星精靈、尤其是這四名天使發揮極大的力量。

太陽
第5星陣圖

能召喚精靈將人從某場所移動到另一場所的星陣圖。無論距離多遠都能在轉眼間移動抵達。

金星
第2星陣圖

持有此星陣圖者非但能獲得恩寵與名譽，還能達成所有跟金星有關係的願望。

金星
第3星陣圖

出示此星陣圖便能使他人愛上自己。施術者應選在金星之日的金星之時，也就是1點或8點召喚此星陣圖的天使莫納且爾。

水星
第2星陣圖

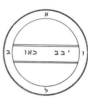

此星陣圖的精靈擁有違反自然的力量，而且還能輕易回答別人怎麼都想不到的事情。不過要見到他們卻是非常難的事情。

金星
第4星陣圖

此星陣圖威力強大，能強制金星精靈服從，還能使任何人出現在眼前。

水星
第3星陣圖

此星陣圖能使水星精靈、尤其是圖中所寫精靈擁有力量，他們是科卡維爾、桀歐利亞、沙瓦尼亞和柯馬歇爾。

金星
第5星陣圖

只須將此星陣圖出示於人，則該人便會激烈地愛上自己。

水星
第4星陣圖

能使人理解並獲得所有知識，是能使人精通一切祕密的星陣圖。另外還能號令精靈命其速速執行命令。

水星
第1星陣圖

此星陣圖寫有天使列加黑爾與阿桀爾的名字，能發揮召喚天空之下任何精靈的偉大力量。

水星
第5星陣圖

憑此星陣圖號令水星精靈便能打開緊閉的門扉，能去到任何方向而不受阻撓。

月亮
第1星陣圖

此星陣圖中畫的是門的象形文字圖形。持此圖召喚月亮精靈者便能打開任何緊閉門扉、去到任何地方。

月亮
第4星陣圖

能保護持有者免受邪惡存在襲擊、不致有肉體或者精神傷害。持此圖者只消呼喚天使蘇菲爾之名便能獲得藥草與究石的相關知識。

月亮
第2星陣圖

此星陣圖對所有水災都有功效。另外，月亮精靈在魔法圓周圍刮起狂風恫嚇施術者的時候，此星陣圖便能立刻將其平息。

月亮
第5星陣圖

持此星陣圖便能在睡眠中得到想知道的資訊。另外還能以司掌破壞與損失的天使伊亞卡迪耶爾之力對付敵人。

月亮
第3星陣圖

攜帶此星陣圖對旅行有很大作用，非但夜間不會遭遇強盜，還能保護持有者免於所有種類的水災。

月亮
第6星陣圖

此星陣圖乃於屬月亮的日時雕刻銀板製成，將其沉入水中便能使天空降下大雨，這個雨會一直下到從水中將星陣圖取出為止。

注釋附錄

No.002

*¹ 希臘化時代（Hellenistic Age）：西元前4世紀下半葉，馬其頓的亞歷山大大帝征服了全希臘，並在帝國擴張的過程中將希臘文明傳播至東方。西元前4世紀末至西元2世紀，史稱希臘化時代。

*² 紙莎草紙：以紙莎草（Papyrus）製成的紙張。這種禾草狀水生植物從前栽培在埃及尼羅河三角洲地區，收取其莖，將髓切成薄片，壓乾成薄而光滑的條，壓在一起，乾後即成光滑而薄的書寫面。

No.003

*¹ 別西卜（Beelzebub）：又譯為巴力西卜，意思為「蒼蠅王」，緋尼基人的神，新約聖經中稱巴力西卜為鬼王，聖經中七宗罪的「貪食」。但是在拉比（Rabbi，猶太教的宗教領袖）的文獻中，別西卜這個名字也以「蒼蠅王」的意思使用，被視為是引起疾病的惡魔。

*² 阿斯摩丟斯（Asmodeus）：又名阿斯瑪代（Asmadai）、阿斯莫德（Asmoday），原形似為波斯傳說中的艾什瑪（Aesma），所羅門王72柱魔神中排第32位的魔神，在惡魔學中佔有重要地位的存在。外表被描述具有中人類、左公牛、右公羊的三頭騎龍國王，為地獄七王之一，統馭72個軍團。其姓名中的意義為基督教中七宗罪的「色慾」，多半被解釋為破壞夫婦感情的存在，乃情慾之魔神。

*³ 利維坦（Leviathan）：亦譯為鱷魚、力威亞探、里外雅堂，《希伯來聖經》中的怪物，形象原型可能來自鯨及鱷魚，有著「扭曲」、「漩渦」的含義，而在基督教則是與七宗罪中的「嫉妒」相對應的惡魔。外表為海中的巨大怪獸，而且大多呈大海蛇形態。

No.004

*¹ 伊比利半島（Iberian Peninsula）：歐洲西南部半島，屬於西班牙和葡萄牙二國。東北的庇里牛斯山脈形成與歐洲其他部分的天然分界。南端以直布羅陀海峽與北非相隔，西岸和北岸接大西洋，東臨地中海。葡萄牙的羅卡角（Cape de Roca）是歐洲大陸的最西點。

*² 斯堪的那維亞半島（Scandinavian Peninsula）：北歐大半島，包括挪威和瑞典兩個國家。北起巴倫支海（Barents Sea），東瀕波羅的海，南臨卡特加特（Kattegat）海峽和斯卡格拉克（Skagerrak）灣，西傍挪威海和北海。主要為塊狀山構成，為古波羅的地盾的一部分。

No.009

*¹ 希臘化時代：請參照P.222注釋附錄No.002＊1。

*² 亞歷山卓（Alexandria）：又譯亞歷山大港，埃及第二大城市，是按其奠基人亞歷山大大帝命名的，托勒密王朝的首都，古希臘文化中最大的城市。

而其中亞歷山大圖書館（Library of Alexandria），又稱古亞歷山大圖書館，在歷史上曾經是世界上最大的圖書館。

No.010

*¹ 菲奇諾（Marsilio Ficino，1433～1499）：義大利哲學家、神學家和語言學家。他對柏拉圖和其他古典希臘作家的作品翻譯和注釋促成了佛羅倫斯柏拉圖主義的文藝復興，影響歐洲思想達兩個世紀之久。

*² 阿古利巴（Heinrich Cornelius Agrippa von Nettesheim，1486～1535）：中世德國最具代表性的魔法師，乃喀巴拉之大家，終生輾轉旅居於歐洲各地。儘管曾遭斥為異端飽受攻擊，阿古利巴卻依舊深信魔法是達致真理的最佳方法。

*³ 皮科‧德拉‧米蘭多拉（Pico della Mirandola，1463～1494）：義大利學者和柏拉圖主義哲學家。接觸希伯來神祕哲學以後，他就成為以神祕哲學理論擁護基督教神學的第一位基督教學者。

No.014

*¹ 希臘化時代：請參照P.222注釋附錄No.002 *1。

*² 大阿爾伯特（Albertus Magnus）：中世德國的主教、神學家、哲學家（1193～1280）。Magnus是「偉大的」的意思，並不是他的姓。大阿爾伯特著有一本名為《大阿爾伯特祕密之書》（The Book of Secrets of Albertus Magnus）的魔法書。不過這本書寫的盡是些召喚靈體的方法，沒什麼特別了不起的內容，是否真為大阿爾伯特所著，仍有待證實。

*³ 聖利奧三世（Leo III）：義大利籍教宗（教皇），登位後一反前代教宗亞得連（Adrian）在東方拜占庭皇帝與西方查理曼之間保持獨立的政策，倒向查理曼，承認他是羅馬人皇帝。

*⁴ 阿古利巴：請參照P.223注釋附錄No.010 *2。

No.015

* 瑣羅亞斯德教（Zoroastrianism）：西元前7世紀興起的波斯宗教。奉光明之神阿胡拉‧馬茲達（Ahura Mazda）為主神的多神教。生於西元前669年的查拉修特拉（亦稱瑣羅亞斯德或查拉圖斯特拉）30歲時「發現光」而成為先知，此後致力向波斯人傳播教義。古伊朗地區的遊牧民族原本就有崇拜火炎的宗教儀式，後來瑣羅亞斯德教說火炎乃光明之神阿胡拉‧馬茲達之子，稱作「聖火」。瑣羅亞斯德教別名「拜火教」便是由此而來。

No.017

*¹ 約瑟夫斯（Flavius Josephus，37～100？）：猶太歷史學家，66～70年猶太人反羅馬人起義的軍事指揮官。著有《猶太戰爭史》（Bellum Judaicum）、《上古猶太史》（Antiquitates Judaicae）。身為歷史學家，他的分析比較膚淺，年代也常有錯誤，並且往往誇大和歪曲事實。

*² 大阿爾伯特：請參照P.223注釋附錄No.014 *2。

1	Ruax	13	Phobothel	25	Rhyx Anatreth
2	Barsafel	14	Leroel	26	Rhyx, the Enautha
3	Artosael	15	Soubelti	27	Rhyx Axesbuth
4	Oropel	16	Katrax	28	Rhyx Hapax
5	Kairoxanondalon	17	Ieropa	29	Rhyx Anoster
6	Sphendonael	18	Modebel	30	Rhyx Physikoreth
7	Sphandor	19	Mardeo	31	Rhyx Aleureth
8	Belbel	20	Rhyx Nathotho	32	Rhyx Ichthuron
9	Kourtael	21	Rhyx Alath	33	Rhyx Achoneoth
10	Methathiax	22	Rhyx Audameoth	34	Rhyx Autoth
11	Katanikotael	23	Rhyx Manthado	35	Rhyx Phtheneoth
12	Saphthorael	24	Rhyx Atonkme	36	Rhyx Mianeth

No.018

*1 密特拉教（Mithraism）：從前盛行於敘利亞和小亞細亞地區等地，主
神密特拉（Mithra）原是伊朗地方的太陽神。

*2 戴克里先（Diocletian，245～316）：羅馬皇帝（285～305年在位）。
家世不詳。其父可能是解放的奴隸。

No.019

*1 帕多瓦（Padua）：義大利北部威尼托（Veneto）區城市，位於威尼斯
西面，巴奇格萊恩（Bacchiglione）河畔。相傳羅馬的帕多瓦城是由特
洛伊英雄安特諾爾（Antenor）所建。詩人但丁也曾經在此居住。

*2 魔寵（Familiar）：中世歐洲女巫的爪牙、魔法寵物。魔寵乃由與女巫締結
契約的惡魔（或其僕從）變成，負責從中慫恿、協助爲惡。據說惡魔大部
分會變身成貓狗、蟾蜍或雞等農民身邊常見的動物。

No.020

*1 克拉科夫（Krakow）：波蘭南部克拉科夫省境內的省級市，位於維斯
杜拉河兩岸，爲波蘭第三大城市，重要的鐵路樞紐，可通往華沙、柏
林、布拉格和維也納。整個14世紀是波蘭的政治經濟中心，也是英國
和匈牙利間的主要貿易點。

*2 海德堡大學（University of Heidelberg）：位於德國海德堡的一所國立
高等學校。1386年由選侯魯珀特一世（Rupert I）仿照巴黎大學建立，
並與德國其他大學一樣，由學院基金會捐贈基金。現有神學、法律、
醫學和哲學等學院，還附設有許多機構、研究班以及各學院診所。

*3 威登堡（Wittenberg）：德國薩克森-安哈爾特（Saxony-Anhalt）州城
市。在柏林西南，瀕臨易北河。威登堡大學爲選侯智者腓特烈在1502

年創辦，因教師有馬丁路德和梅蘭希頓（Phillip Melanchthon）而出名，1817年併入哈雷大學。

No.021

* 保祿四世（Pope Paul IV，1476～1559）：義大利籍教宗（1555～1559年在位）。他重用自己的姪子，偏聽他們的詭計。他處理宗教改革問題的方法同樣招致禍害。《奧格斯堡和約》（Peace of Augsburg）是容許日耳曼境內基督教與天主教共存的第一個法律基礎，他也不予承認。在他的主持下，1542年成立的羅馬宗教法庭成為恐怖統治的肇始。原天主教內許多人懷疑宗教改革運動在一定程度上由猶太人鼓起，他贊成這種看法，於是在羅馬限制猶太人居住範圍，強令猶太人永遠佩戴身分牌，嚴禁他們與天主教徒交往。

No.032

*1 聖別：基督教為某些神聖用途，會藉由儀式來潔淨人或物，以與普通世俗的用途區別。

*2 埃爾（El）：又譯為伊勒、以利，在西北閃語中，是神明的意思。跟阿卡德語的ilum是同義語。在迦南人與黎凡特的宗教中，埃爾（亦作Eli或Il）是最高的神明，眾神之主，人類以及所有受創造物的祖先。舊約中跟上帝有關的稱呼許多都源自這個字根。

*3 繖形科（Apiaceae）：芹目（Apiales）的一科，約250屬。分布廣泛，生境多樣，主要產於北溫帶。

No.038

*1 聖別：請參照P.225注釋附錄No.032＊1。

*2 乳香（Frankincense）：含有揮發油的芳香膠質樹脂，在古代用於祭典，也作藥用，現在仍是種重要的香用樹脂。乳香產自橄欖科乳香屬（Boswellia）樹木，特別是索馬利亞和南阿拉伯半島的各種乳香樹。在樹幹上割開數個切口，乳香以乳狀液汁滲出，接觸空氣後變硬。

*3 洋乳香（Mastic）：一種芳香的樹脂，由洋乳香樹樹皮切口的軟質滲出物製成。主要用以製造成色的清漆，用來保護金屬及繪畫。洋乳香分散於加熱增稠的亞麻子油中後稱為溶油，用於油畫調色。在牙科洋乳香用作黏結劑。

No.040

*1 琉璃繁縷（Anagallis foemina）：俗名海綠、火金姑。

*2 毒芹（Water hemlock）：繖形科毒芹屬約10種有毒植物的總稱。廣布北溫帶，在歐洲最為人熟知的種是毒芹（C. virosa），這是種沼生多年生高大草本，劇毒。

*3 喜鵲（Magpie）：雀形目鴉科數種長尾鳥類，最熟悉的種類是黑嘴喜鵲（Pica pica）。

*4 黃楊木（Boxwood）：一種堅實沉重、木紋細緻的木材，取自錦熱黃楊和黃楊屬的其他小樹。

No.041

*1 接骨木（Elder）：亦稱elderberry。五福花科接骨木屬約10種植物的統稱。大多原產於兩半球溫帶或亞熱帶森林地區。主要爲灌木及小喬木，是重要的森林樹種，灌木種是重要的庭園栽培植物。

*2 唐木：此爲日語説法，乃指熱帶產的數種上等木材，如紫檀、黑檀、白檀、鐵刀木等，因爲從前日本此類木材幾乎都是來自中國，故名。

*3 黃檀木（Rosewood）：產於巴西、宏都拉斯、牙買加、非洲、印度等地的熱帶樹種，可作裝飾木材。黃檀木呈深紅褐色至紫褐色，多條紋，夾有黑色的樹脂層，可以拋光，但它的油脂性不利加工。心材雖然很粗大，但不能成方材或板材，因爲這種樹在達到成熟年齡以前，心材就開始腐朽，致使中心部分出現空洞。家具和鋼琴製造業一度對黃檀木的需求量很大，製造木琴的材料至今仍然選用黃檀木，不過由於產量減少，也受到限制。

*4 聖別：請參照P.225注釋附錄No.032＊1。

*5 驅病符（Abracadabra）：能夠規避不幸、使惡魔退避的咒文。使用時或是刻在護符上，或是書寫成倒三角形形狀。此字應是源自希伯來文的「使汝之雷蒙受死亡（abreq ad habra）」。同時這個字也有「父與子與聖靈」的意思，所以絕對不可草率地使用這個象徵唯一神的字。

No.042

*1 肉豆蔻（Nutmeg）：又名肉蔻、肉果、玉果。由肉豆蔻（Myristica fragrans）種子製成的香料。該植物爲熱帶常綠喬木，雌雄異株。原產於印尼的摩鹿加群島（即香料羣島）。肉豆蔻具有獨特的刺激性芳香及溫和稍甜的味道。通常用於多種焙烤食品、糖果、肉類、香腸、醬汁、蔬菜和蛋酒等飲料調味。磨碎的肉豆蔻可製香粉，羅馬人用以製薰香。

*2 垂榕（Ficus benjamina）：是桑科榕屬的植物，分佈於不丹、緬甸、越南、索羅門群島、菲律賓、印度等地，生長於海拔500～800公尺的地區，多生長於濕潤的雜木林中，目前尚未由人工引種栽培。

*3 亞伯拉罕（Abhraham）：一譯「亞巴郎」，原意爲「萬民之父」。《聖經》故事中猶太人的始祖。猶太人原居住在幼發拉底河上游烏爾（Ur）地方，約在西元前2000年時，亞伯拉罕帶領部族遷居迦南（今巴勒斯坦）。

*4 以撒（Isaac）：《舊約聖經》所載以色列人第二代列祖。是亞伯拉罕和撒拉（Sarah）所生的獨子，又是以掃（Esau）和雅各之父。撒拉已經過了生育年齡，但蒙上帝恩眷而生以撒。後來，上帝命亞伯拉罕以以撒爲犧牲獻祭，亞伯拉罕準備遵從上帝的指示，但上帝開恩保存了以撒的性命。

*5 雅各（Jacob）：希伯來語作Yaaqov，阿拉伯語作Yaqub。亦稱以色列（Isarael，希伯來語作Yisarael），阿拉伯語作Israil。希伯來人的祖先，祖父是亞伯拉罕，父母爲以撒及黎貝加。以色列人傳統上以他爲本族的祖先。據《舊約·創世記》（25：19）所載，雅各是以東和以東人的祖先以掃的攣生弟弟，兩人代表兩種不同的社會階級，雅各是

牧人，而以撒是居無定所的獵人。

*6 聖別：請參照P.225注釋附錄No.032＊1。

No.043

*1 海索草：請參照P.064注釋。

*2 以馬內利（Immanuel）：意爲「上帝與我們同在」；天主教漢譯爲厄瑪奴耳。是聖經上出現的一個名詞，由2個希伯來語單詞「אל」（上帝）和「עמנו」（與我們同在）組成。基督徒相信以馬內利就是先知以賽亞所預言的彌賽亞。

*3 埃洛希姆‧基勃（Elohim Gibor）：埃洛希姆（Elohim）是希伯來語名詞埃洛哈（Eloah，神）的複數形。《舊約全書》中的希伯來人的上帝。埃洛希姆是權威的複數形式。埃洛希姆‧基勃意爲「力量之神」、「全能的神」。

*4 聖別：請參照P.225注釋附錄No.032＊1。

*5 纈草（Valerian）：是種多年生耐寒開花植物，在北半球每年6月至9月是其花期，會開出芬芳的白色或粉紅色花朵。當花朵被放在花瓶裡時，其散發出來的香味因過於濃烈，會令人難以忍受。

No.044

* 聖別：請參照P.225注釋附錄No.032＊1。

No.046

* 聖別：請參照P.225注釋附錄No.032＊1。

No.047

* 聖別：請參照P.225注釋附錄No.032＊1。

No.048

*1 交尾：鳥獸、昆蟲等動物雌雄交配。

*2 黃楊木：請參照P.225注釋附錄No.040＊4。

*3 香桃木（Myrtle）：桃金孃科香桃木屬植物的統稱，常綠灌木，主要產於南美，有些見於澳大利亞和紐西蘭。普通香桃木原產地中海區和中東，英格蘭南部和北美溫暖地區已引種栽培。

專欄

*1 諾斯替教（Gnosticism）：此字源自希臘語中代表智慧的「Gnosis」一詞，是個與基督教同時期在地中海沿岸誕生的宗教思想運動。不少人誤以爲諾斯替教乃基督教的異端，但它原本就是個獨立的宗教運動，直到後期才有吸收部分基督教教義的基督教式諾斯替教（或稱基督教諾斯替派）出現。

*2 赫密斯主義（Hermeticism）：乃指基於假借赫密斯‧特里斯密吉斯托斯（Hermes Trismegistos）名號著作之古代神祕主義諸文獻而衍生的哲

學‧宗教思想。

No.049

*1 新柏拉圖主義（Neoplatonism）：新柏拉圖主義有古希臘哲學的最後潮流之稱，乃立基並孕生自3世紀的普羅提諾（Plotinus，約205~270）哲學。普羅提諾提出世界之根源性存在「太一」（topan）假說；他主張「太一」下方的存在皆是由「太一」流溢生成，而人類的靈魂本來就保有「太一」的特性，是以生而為人應當以回歸根源為要務。

*2 阿古利巴：請參照P.223注釋附錄No.010＊2。

No.057

* 斯圖加特（Stuttgart）：德國巴登—符騰堡州東北部一行政區，北面和東面與巴伐利亞州接壤，南與圖賓根交界，西與卡爾斯魯厄（Karlsruhe）毗鄰。

No.059

* 托萊多（Toledo）：西班牙卡斯提爾-拉曼查自治區城市，托萊多省省會。在馬德里西南偏南67公里處，瀕臨塔古斯河。

No.062

* 大公（Grand Duke）：介於國王和公爵之間擁有獨立主權的王子的稱號，也是俄國皇族中某些成員的稱號。

No.063

* 雞血石（Bloodstone）：亦稱血滴石。二氧化矽礦物玉髓的深綠色變種，其中普通分布有鮮紅色碧玉結核。所以拋光面在深綠色底面上出現紅色斑點，由於這些斑點類似血滴，故名。

No.065

*1 大阿爾伯特：請參照P.223注釋附錄No.014＊2。

*2 巴貝多島（Barbados）：貝巴多為加勒比海中的獨立島國，位於向風群島（Windward Islands）以東約160公里處。

*3 橋鎮（Bridgetown）：西印度群島中巴貝多島國的首都和唯一港口，1628年創建。古老和新式建築物高低參差，曾屢遭火災，1854年霍亂流行使2萬人喪生。

No.066

* 拉普蘭（Lapland）：北歐一地區，大部分位於北極圈內，從挪威、瑞典、芬蘭北部延伸至俄羅斯的科拉半島。西接挪威海，北臨巴倫支海，東瀕白海。拉普蘭得名於薩米人（Sami，或稱拉普人（Lapp）），這個民族散居此地已數千年。拉普蘭跨越數國邊界，不存在任何行政實體。

法師。

*[7] 赫密斯（Hermes）：宙斯么子。擔任眾神的使者，是財富與幸運之神，同時也是強盜、賭博與說謊之神。

*[8] 亞瑟・愛德華・偉特：請參照P.153用語解說。

*[9] 德魯伊：包含兩種意思，分別是德魯伊（Druid）以及德魯伊教（Druidism）。德魯伊（Druid）為古代塞爾特（Celt）民族的神官，乃西洋蓄有白色鬍鬚身穿長袍的魔法師形象之原型。在塞爾特語裡面，「daru」指的是橡樹，「vid」則是知識的意思。若採意譯法，則德魯伊就是「橡樹賢者」的意思，即「透徹樹的道理之人」，擁有把人變成動物以及與神明精靈及動物對話的魔力，可以透過鳥飛行的方式、祭品內臟的外觀預言未來。德魯伊階層比王權擁有更大的力量，通常會以指導者或參謀身分參與政治事務，且不僅掌管祭祀，同時也是醫者、魔法師、占卜者、詩人、以及其所屬部族的歷史記錄者。而神祕的教義也以口傳的形式加以傳承，不留任何文字資料，所有的知識都必須強記在腦袋裡。德魯伊向人們傳揚靈魂不滅以及輪迴轉世的教義。

No.076

*[1] Ariel：彌爾頓《失樂園》有同名造反天使，譯作「亞利」。在描述大逆不道之天使・撒旦於天國進行叛亂的第6卷中登場。

*[2] Mephistopheles：即梅菲斯特。

No.077

*[1] 亞瑟・愛德華・偉特：請參照P.153用語解說。

*[2] 孟斐斯（Memphis）：埃及都市名，是下埃及的主要都市，在上下埃及統一後曾經成為埃及的國都。於埃及初期王朝時代（第1～2王朝時代）稱作「美涅費」（Menefer），別名「白壁之都」，亦即現在的米德・拉錫那（Mit Rahina）。

No.078

*[1] 科隆（Koln）：德國西北部北萊茵—西伐利亞州西南部行政區科隆區的最大城市和行政中心，是德國最大交通樞紐之一和主要商業中心，高度工業化。

*[2] 聖別：請參照P.225注釋附錄No.032＊1。

*[3] 魔寵：請參照P.224注釋附錄No.019＊2。

No.080

*[1] 威登堡（Wittenberg）：德國薩克森-安哈爾特（Saxony–Anhalt）州城市。在柏林西南，瀕臨易北河。據傳浮士德當初便是在威登堡修習神學。

*[2] ABRACADABRA：請參照P.226注釋附錄No.041＊4「驅病符」。

*[3] 托萊多：請參照P.228注釋附錄No.059＊。

*¹ 薔薇十字團（Rosicrucian Brotherhood）：奉羅森克羅伊茨（Christian Rosenkreutz）爲開祖、將人類引向正途的運動，設有名爲「看不見的大學」（Invisible College）的特殊教育機構，潛藏於歷史暗流之中。儘管薔薇十字團是否存在仍有待商榷，不過現在卻有許多以薔薇十字爲名的團體正在活動當中。

*² 共濟會（Freemason）：據傳乃中世的石工工會發展而來，繼承某種祕密儀式（很可能是薔薇十字團的智慧）的結社。然而現存的共濟會只是純粹的慈善團體。共濟會在日本也設有分會（Lodge），並且實際登錄在電話簿裡。

*¹ 斯維登堡：伊曼紐·斯維登堡（Emanuel Swedenborg），瑞典的神祕思想家。以自然科學家身分起家，留下亮麗的成績。1745以後，發現自己的使命是要透過與靈界進行交流、解釋聖經當中靈層面的涵意，並以《論天堂及其奇蹟和論地獄》等作品對啓蒙主義時代的歐洲造成了衝擊。

*² 雅各·伯姆（Jakob Bohme）：1575～1624。德國哲學神祕主義者，文藝復興和宗教改革後理性運動中最有影響的領袖之一。曾經從宗教體驗悟到有助於消除該時代緊張氣氛的眞知灼見，即「萬物都不外乎是與否」的辯證原理。

*³ 聖馬丁：路易·克勞德·德·聖馬丁（Louis Claude de Saint-Martin，1743~1803），法國魔法結社耶律·科恩（Elu Cohen）成員。

*⁴ 帕拉塞爾蘇斯（Paracelsus）：對鍊金術造成莫大影響的鍊金術師兼醫師。鍊金術從阿拉伯傳入歐洲的時候，只不過是種用汞鍊成金屬的技術而已，帕拉塞爾蘇斯卻主張鍊金術的眞正目的並非鍊成黃金，而是要製造有益人體健康的醫藥品，開創今日所謂的「醫療化學」學問，爲醫學界帶來極大變革。

*⁵ 以太（Luminiferous aether、aether或ether）：或譯乙太、光乙太，是古希臘哲學家亞里斯多德所設想的一種物質，爲五元素之一。19世紀的物理學家，認爲它是一種曾被假想的電磁波的傳播媒質。但在相對論提出後，這種以太的觀念便因不成立而完全被摒棄了。

*¹ 赫密斯主義：請參照P.227注釋附錄專欄＊2。

*² 布拉福（Bradford）：英格蘭約克夏歷史郡西約克夏都市郡的都市區、城市和郡級市。位於里茲西面一個側谷的廣闊淺灘，有艾爾河（Aire）的一條小支流流經。

*³ 愛丁堡（Edinburgh）：蘇格蘭首府，位於蘇格蘭東南部，其中心位置靠近佛斯灣（Firth of Forth）南岸，即西向嵌入蘇格蘭低地的一個北海海灣。

*⁴ 威廉·巴特勒·葉慈（William Butler Yeats，1865~1939）：愛爾蘭詩人、劇作家。爲愛爾蘭文藝復興運動的中心人物之一，曾獲1923年諾貝爾文學獎。其詩多描述鄉間傳說、風俗及山川。著有詩集《塔》、

《陽春月》，散文集《瑞典的慷慨》，劇本《凱薩琳女公爵》等。

*5 阿爾傑農・布萊克伍德（Algernon Henry Blackwood，1869～1951）：英國神怪故事作家。著有《空房子》（The Empty House，1906）、《沉默的約翰》（Johgn Silence，1908）和《神怪故事集》（Tales of the Uncanny and Supernatural，1951）。晚年在英國電台和電視台講鬼怪故事，很受歡迎。

*6 阿瑟・梅琴（Arthur Machen，1863～1947）：威爾斯小說家、散文家。1902年在彭生的莎士比亞劇團當演員，其作品《多夢的山丘》（1907）提到古羅馬城堡和威爾斯的神祕故事，就連他以倫敦為背景的短篇小說也很富有浪漫色彩，並表現出他對工業化時代以前的依戀之情。

*7 伯蘭・史托克（Bram Stoker，1847～1912）：以《吸血鬼德古拉》留名英國文學史的愛爾蘭作家。相傳當初他便是因為得到黃金黎明愛丁堡支部創設者J.W.布羅迪・英尼斯（John William Brodie Innes）建言，才於1897年完成這部聞名全球的名作。

*8 愛德華・布爾沃李頓（Edward George Bulwer-Lytton，1803～1873）：英國政治人物、詩人、評論家，主要以多產小說家聞名。著有《佩勒姆》（Pelham，1828）、《龐貝的末日》（3卷，1834）、《哈羅德，最後一個撒克遜人》（Harold, the last of the Saxons，1848）等作品。

*9 A.E.偉特：請參照P.153用語解說。

No.085

* 波茅斯（Bournemouth）：英格蘭漢普夏歷史群多塞特（Dorset）地理郡單一政區和海濱度假城鎮，瀕臨英吉利海峽。1810年開始有多塞特鄉紳在此建避暑住宅。

No.086

*1 666：在西方是獸名數目，在《聖經・啟示錄》中，666是魔鬼的數字。此說法最早見於Mark of the Beast。《聖經》原文上寫的不是「六六六」，而是「六百六十六」。

*2 銀星（A∴A∴ / Astrum Argentium / The Order of Silver Star）：1908年克羅利所創的魔法祕密結社。剛開始教授些承繼於黃金黎明魔法，但漸漸地偏向瑜珈、性魔法，最後終於放棄了儀式魔法。

*3 東方聖殿騎士團（O.T.O.）：「O.T.O.」為德語「Ordo Templi Orientis」簡稱，英文為「The Oriental Order of the Templars」。近代德國的魔法結社，由卡爾・開爾納（Carl Kellner）創立。首開正式引進坦陀羅教之先例，連克羅利也深受其影響。

No.087

*1 霍露斯（Horus）：埃及的天空之神。奧賽利斯與伊西斯之子，在奧賽利斯之後繼承了埃及的王位。

*2 自動筆記（Automatic Writing）：指持筆的手不受本人意志控制、自行動作寫出當事者連想都沒想過的內容，乃附身現象的一種。

*3 東方聖殿騎士團（O.T.O.）：請參照P.232譯注釋附錄No.086＊2。

No.090

*¹ 新福雷斯特（New Forest）：亦譯新福里斯特。英格蘭漢普夏行政郡和
歷史郡一區。

*² 黛安娜（Diana）：羅馬的月亮女神，相當於希臘神話中的阿蒂蜜斯。
原本是樹木女神，同時也是多產女神。

No.091

*¹ 聖別：請參照P.225注釋附錄No.032＊1。

*² 滿月女巫會（Esbat）：滿月女巫會乃新興女巫崇拜特有，於滿月之夜
舉行，與魔宴相較之下規模較小。

*³ 魔宴：請參照P.178注釋。

*⁴ 魯納文字（Runes）：基督教傳入北歐前，古日耳曼民族多神教社會中
使用的咒術文字。

*⁵ 巨石陣（Stonhenge）：全世界最有名的巨石建築物。一般相信巨石陣
應是古人建造的神殿或天體觀測設施。

No.093

*¹ 諾斯替教：請參照P.227注釋附錄專欄＊1。

*² 赫密斯主義：請參照P.227注釋附錄專欄＊2。

*³ 遠古種族（Old Ones）：早在人類誕生亙古以前便飛抵地球、建立起高
度文明的桶狀生物。地球所有生命都是從他的原形質細胞孕生而來。
除此譯名以外，漫畫《邪神傳說》譯作「古代怪物」，《西洋神名事
典》則譯作「老傢伙」。

*⁴ 阿瑟特斯（Azathoth）：瘋狂的宇宙真正造物主。陣陣痴狂騷亂的笛鼓
樂音迴蕩聲中，高坐在翻滾沸騰的混沌中央的寶座、為飢餓感和百無
聊賴所惱的白痴魔王。

*⁵ 奈亞魯法特（Nyarlathotep）：身為「外來神明」的強壯使者，卻連自
己服事的主人都可以公然嘲笑的克蘇魯神話惡作劇精靈。

*⁶ 憂戈-索陀斯（Yog–Sothoth）：他既是開門的鎖匙，同時也是守護者。
端坐於以銀鑰匙開啟的窮極之門外，完全不受時空任何限制的最強大
神祇、「外來神明」的副王。

*⁷ 舒伯-尼古拉斯（Shub–Niggurath）：舒伯-尼古拉斯是克蘇魯神話中少
數被定位為女性神格的「外來神明」，《死靈之書》等禁斷魔法書指
其為「難以名狀之物」赫斯特的妻子。此處乃採《戰慄傳說》及《克
蘇魯神話》譯名。《西洋神名事典》譯作「夏伯尼古拉斯」。

*⁸ 巴弗滅（Baphomet）：今日最為人所熟知的羊頭惡魔。他的名字的來源據
說是由基督宗教的敵人穆罕默德（Mohammed，又作Mahomet）而來。

No.098

＊ 極北之地（Hyberborea）：極北之地是在冰河時期滅亡的偉大北方王
國，沃米達雷斯山地底則隱藏著黑暗神明居住棲身的領域。

＊ 札特瓜（Tsathoggua）：外形如同長著毛的巨大青蛙，長相酷似蝙蝠，
懶惰又貪心的神明。

No.99

*¹ 魔寵：請參照P.224注釋附錄No.019＊2。

*² 眾蛇之父依格：古代姆大陸和美洲大陸受崇拜的蛇神。依格每年逢秋就會轉趨狂躁，甚是可怕，但通常不要去加害蛇類的話，依格倒還算是位相當溫和的神。

No.101

*¹ 大阿爾伯特：請參照P.223注釋附錄No.014＊2。

*² 羅傑‧培根（Rober Bacon）：培根是最早記錄火藥製造法的歐洲人，還提出飛行機器和動力船等構想，後世奉其為實驗科學先驅者，另一方面他對占星術、鍊金術亦頗感興趣。

*³ 約翰‧迪（John Dee，1527～1608）：伊莉莎白時期全英國最頂尖的知識份子，也是位魔法師。不過時至今日，他身為一位曾經記錄天使的語言——天使語的神祕學家身分，已遠較學術方面的成就來得有名許多。

*⁴ 魯道夫二世（Rudolf II，1552～1612）：神聖羅馬帝國的皇帝，終其一生支持擁護鍊金術與魔法，是位人稱「德國的赫密斯‧特里斯密吉斯托斯」的人物。大力支持魔法，許多魔法師皆聚集於其門下。

*⁵ 愛德華‧凱利（Edward Kelley，1555～1595）：曾經擔任約翰‧迪的助手與大天使烏列（Uriel）進行接觸，亦通曉鍊金術，後來和約翰‧迪決裂。

中英日名詞對照索引

235

七劃

十三劃

十四劃

十五劃

參考文獻

魔術の歴史　エリファス・レヴィ著 / 鈴木啓司訳　人文書院

魔術の歴史　J.B.ラッセル著 / 野村美紀子訳　筑摩書房

魔術の歴史　リチャード・キャベンディッシュ著 / 栂正行訳　河出書房新社

メフィストフェレス　近代世界の悪魔　J.B.ラッセル著 / 野村美紀子訳　教文館

魔法──その歴史と正体　K・セリグマン著　平凡社

魔女と魔術の事典　ローズマリ・エレン・グィリー著 / 荒木正純、松田英監訳　原書房

魔道書ソロモン王の鍵　青狼団著　二見書房

聖書　旧約聖書続編つき　新共同訳　日本聖書協会

ルネサンスの魔術思想　D.P.ウォーカー著 / 田口清一訳　平凡社

宗教と魔術の衰退(上.下)　キース・トマス著 / 荒木正純訳　法政大学出版局

黒魔術　リチャード・キャベンディッシュ著 / 栂正行訳　河出書房新社

ジョン.ディー　エレザベス朝の魔術師　ピーター・J・フレンチ著 / 高橋誠訳　平凡社

キリスト教神秘主義著作集第16巻　中井章子・本間邦雄・岡部雄三訳　教文館

澁澤龍彦全集2　澁澤龍彦著　河出書房新社

黒魔術のアメリカ　アーサー・ライアンズ著 / 広瀬美樹、鈴木美幸、和田大作訳　徳間書店

世界で最も危険な書物─グリモワールの歴史　オーウェン・デイヴース著 / 宇佐和通訳　柏書房

The Grimoire of St. Cyprian Clavis Inferni　Stephan Skinner, David Rankine編著 GOLDEN HOARD PRESS

The BOOK OF BLACK MAGIC　ARTHUR EDWARD WAITE著 WEISER BOOKS

Grimoires—A History of Magic Books　OWEN DAVIES著 OXDORD UNIVERSITY PRESS

THE GOETIA—THE LESSER KEY OF SOLOMON THE KING　S.L.MACGREGOR MATHERS英訳 / ALEISTER CROWLEY編集・解説 WEISER BOOKS

The Key of Solomon the King (Clavicula Salomonis)　S.L.MACGREGOR MATHERS英訳 WEISER BOOKS

THE BOOK OF THE SACRED MAGIC OF ABRAMELIN THE MAGE　S.L.MACGREGOR MATHERS英訳 DOWER PUBLICATIONS, INC.

THE GRIMOIRE of ARMADEL　S.L.MACGREGOR MATHERS英訳 WEISER BOOKS

THE SIXTH AND SEVENTH BOOKS OF MOSES　JOSEPH H.PETERSON英訳 IBIS PRESS

The Satanic Rituals/Companion to The Satanic Bible　Anton Sandor LaVey著 AVON BOOKS

The Satanic Bible　Anton Sandor LaVey著 AVON BOOKS

CEREMONIAL MAGIC & The Power of Evocation　JOSEPH C.LISIEWSKI,PH.D.著 FALCON PUBLICATIONS

ENOCHIAN MAGIC for BEGINNERS　Donal Tyson著 Llewellyn Publications

高等魔術の教理と祭儀(教理篇)　エリファス・レヴィ著 / 生田耕作訳　人文書院

高等魔術の教理と祭儀(祭儀篇)　エリファス・レヴィ著 / 生田耕作訳　人文書院

アレイスタークロウリー著作集1神秘主義と魔術　フランシス・キング監修 / 島弘之訳　国書刊行会

アレイスタークロウリー著作集2トートの書　フランシス・キング監修 / 榊原宗秀訳　国書刊行会

アレイスタークロウリー著作集別巻1アレイスタ.クロウリーの魔術世界　フランシス・キング監修 / 山岸映自訳　国書刊行会

法の書　アレイスター・クロウリー著 / 島弘之・植松靖夫訳　国書刊行会

魔術　理論と実践　アレイスター・クロウリー著 / 島弘之・植松靖夫・江口之隆訳　国書刊行会

世界魔法大全3　石榴の園　イスラエル・リガルディー著 / 片山章久訳　国書刊行会

世界魔法大全5　魔術の復活　ケネス・グラント著 / 植松靖夫訳　国書刊行会

黄金夜明け魔法体系4召喚魔術　イスラエル・リガルディー著 / 日浦幸雄訳 / 秋端勉　責任編集
　国書刊行会

現代の魔術師―クローリー伝　コリン・ウィルソン著 / 中村保男訳　河出書房新社

世界幻想文学大系第40巻　神秘のカバラー　Ｄ・フォーチュン著 / 大沼忠弘訳　国書刊行会

魔女の聖典　ドリーン・ヴァリアンテ著 / 秋端勉訳　国書刊行会

クトゥルー神話コレクション魔道書ネクロノミコン　コリン・ウィルソンほか著 / ジョージ・ヘイ編
/ 大瀧啓裕訳　学習研究社

ネクロノミコン―アルハザードの放浪　ドナルド・タイソン著 / 大瀧啓裕訳　学習研究社

ク.リトル.リトル神話集　Ｈ・Ｐ・ラヴクラフト他編 / 荒又宏編　国書刊行会

クトゥルー神話譚　黒の碑　ロバート・Ｅ・ハワード著 / 夏来健次訳　東京創元社

幽霊狩人カーナッキの事件簿　Ｗ・Ｈ・ホジスン著 / 夏来健次訳　東京創元社

クトゥルフ神話カルトブックTHE BOOK OF EIBON　エイボンの書　ロバート・Ｍ・プライス編 /
Ｃ・Ａ・スミス、リン・カーターほか著 / 坂本雅之、中山てい子、立花圭一訳　新紀元社

図解　クトゥルフ神話　森瀬繚著　新紀元社

クトゥルフ神話ガイドブック―20世紀の恐怖神話　朱鷺田祐介著　新紀元社

ラヴクラフト全集1　Ｈ・Ｐ・ラヴクラフト著 / 大西尹明訳　東京創元社

ラヴクラフト全集2　Ｈ・Ｐ・ラヴクラフト著 / 宇野利泰訳　東京創元社

ラヴクラフト全集3〜7　Ｈ・Ｐ・ラヴクラフト著 / 大瀧啓裕訳　東京創元社

クトゥルー神話事典　東雅夫著　学習研究社

●ウェブサイトまたはＰＤＦ（インターネット）

Twilit Grotto: Archives of Western Esoterica　http://www.esotericarchives.com/

魔術サイト　銀の月　http://magic.cosmic-egg.com/

O∴H∴西洋魔術博物館　http://www7.ocn.ne.jp/~elfindog/

Hermetics.org(The Hermetics Resource Site)　http://www.hermetics.org/

譯者參考書目

《The Encyclopedia of Demons and Demonology》Rosemary Guiley / 2009 / Checkmark Books

《Occultism: Its Theory and Practice》Sirdar Ikbal Ali Shah / 2003 / Kessinger Publishing, LLC

《墮天使事典》真野隆也著 / 沙子芳譯 / 尖端出版社 / 2004年

《神曲》但丁著 / 黃國彬譯註 / 九歌出版社 / 2003年

《宗教辭典》（上下）任繼愈主編 / 博遠出版社 / 1989年

《失樂園》密爾頓著 / 桂冠圖書 / 1994年

《神話學辭典》葛哈德・貝林格著 / 林宏濤譯 / 商周出版 / 2006年

《召喚師》高平鳴海監修 / 王書銘譯 / 奇幻基地 / 2005年

《惡魔事典》山北篤・佐藤俊之監修 / 高胤喨・劉子嘉・林哲逸合譯 / 奇幻基地 / 2003

《魔導具事典》山北篤監修 / 黃牧仁・林哲逸・魏煜奇合譯 / 奇幻基地 / 2005年

《圖解鍊金術》草野巧著 / 王書銘譯 / 奇幻基地 / 2007年

《圖解克蘇魯神話》森瀨繚著 / 王書銘譯 / 奇幻基地 / 2010年

《西洋神名事典》山北篤監修 / 鄭銘得譯 / 奇幻基地 / 2004年

《東洋神名事典》山北篤監修 / 高詹燦譯 / 奇幻基地 / 2005年

《埃及神名事典》池上正太著 / 王書銘譯 / 奇幻基地 / 2008年

《魔法・幻想百科》山北篤監修 / 王書銘・高胤喨譯 / 奇幻基地 / 2006年

《幻想地名事典》山北篤監修 / 王書銘譯 / 奇幻基地 / 2011年

國家圖書館出版品預行編目資料

圖解魔導書／草野 巧著；王書銘譯 .-- 初版 .-- 臺北市：
　奇幻基地出版：家庭傳媒城邦分公司發行；2013.05（民
　102.05）
　　面；　　公分 .--（F-Maps：011）
　譯自：図解魔導書
　ISBN 978-986-5880-10-1（平裝）
　1. 超心理學
　175.9　　　　　　　　　　　　　　　　　　　　　102004257

城邦讀書花園
www.cite.com.tw

F-Maps 011

圖解魔導書

原 文 書 名／図解魔導書
作　　　者／草野巧　　　　　　　　　　　企畫選書人／楊秀眞
譯　　　者／王書銘　　　　　　　　　　　責 任 編 輯／張世國

版權行政暨數位業務專員／陳玉鈴　　　　　行 銷 企 劃／陳姿億
資深版權專員／許儀盈　　　　　　　　　　行銷業務經理／李振東
總 編 輯／王雪莉
發 行 人／何飛鵬
法 律 顧 問／元禾法律事務所　王子文律師
出　　　版／奇幻基地出版
　　　　　　城邦文化事業股份有限公司
　　　　　　台北市 104 民生東路二段 141 號 8 樓
　　　　　　電話：(02)25007008　　傳眞：(02)25027676
　　　　　　網址：www.ffoundation.com.tw
　　　　　　e-mail：ffoundation@cite.com.tw
發　　　行／英屬蓋曼群島商家庭傳媒股份有限公司城邦分公司
　　　　　　台北市 104 民生東路二段 141 號 11 樓
　　　　　　書虫客服服務專線：(02)25007718‧(02)25007719
　　　　　　24 小時傳眞服務：(02)25170999‧(02)25001991
　　　　　　服務時間：週一至週五09:30-12:00‧13:30-17:00
　　　　　　郵撥帳號：19863813　　戶名：書虫股份有限公司
　　　　　　讀者服務信箱 E-mail：service@readingclub.com.tw
　　　　　　歡迎光臨城邦讀書花園 網址：www.cite.com.tw
香港發行所／城邦（香港）出版集團有限公司
　　　　　　香港灣仔駱克道 193 號東超商業中心 1 樓
　　　　　　電話：(852) 2508-6231 傳眞：(852) 2578-9337
馬新發行所／城邦（馬新）出版集團
　　　　　　【Cite(M)Sdn. Bhd.(458372U)】
　　　　　　11, Jalan 30D/146, Desa Tasik,
　　　　　　Sungai Besi, 57000 Kuala Lumpur, Malaysia.
　　　　　　電話：(603) 90563833　　傳眞：(603)90562833

封面插畫／黃聖文
排　　　版／浩瀚電腦排版股份有限公司
印　　　刷／高典印刷有限公司

■2013年（民102）5月2日初版　　　　　　　Printed in Taiwan.
■2022年（民111）6月2日初版4.5刷
售價／330元

ZUKAI MADOSHO
By KUSANO Takumi
Illustrations by FUKUCHI Takako
Copyright © 2011 KUSANO Takumi
All rights reserved.
Originally published in Japan by Shinkigensha Co Ltd, Tokyo.
Chinese (in complex character only) translation rights arranged with
Shinkigensha Co Ltd Japan through THE SAKAI AGENCY.
Complex Chinese translation copyright © 2013 by Fantasy Foundation
Publications, a division of Cité Publishing Ltd.
All Rights Reserved.

著作權所有‧翻印必究
ISBN　978-986-5880-10-1

Printed in Taiwan.

104台北市民生東路二段141號11樓

英屬蓋曼群島商家庭傳媒股份有限公司城邦分公司 收

請沿虛線對摺，謝謝

每個人都有一本奇幻文學的啟蒙書

奇幻基地官網：http://www.ffoundation.com.tw
奇幻基地粉絲團：http://www.facebook.com/ffoundation/

書號：1HP011　　書名：圖解魔導書

讀者回函卡

謝謝您購買我們出版的書籍！我們誠摯希望能分享您對本書的看法。請將您的書評寫於下方稿紙中（100字為限），寄回本社。本社保留刊登權利。一經使用（網站、文宣），將致贈您一份精美小禮。

姓名：＿＿＿＿＿＿＿＿＿＿＿＿＿＿＿＿＿＿＿＿＿＿＿＿＿＿＿＿＿＿ 性別：□男 □女

生日：西元＿＿＿＿＿＿年＿＿＿＿＿＿月＿＿＿＿＿＿日

地址：＿＿＿＿＿＿＿＿＿＿＿＿＿＿＿＿＿＿＿＿＿＿＿＿＿＿＿＿＿＿＿＿＿＿

聯絡電話：＿＿＿＿＿＿＿＿＿＿＿＿ 傳真：＿＿＿＿＿＿＿＿＿＿＿＿

E-mail：＿＿＿＿＿＿＿＿＿＿＿＿＿＿＿＿＿＿＿＿＿＿＿＿＿＿＿＿＿＿

您是否曾買過本作者的作品呢？□是 書名：＿＿＿＿＿＿＿＿＿＿＿＿ □否

您是否為奇幻基地網站會員？□是 □否（歡迎至http://www.ffoundation.com.tw免費加入）